基础教育海洋特色课程汇

海之魄

小学体育海洋主题课程

（一至六年级）

主编　张培欣

中国海洋大学出版社

·青岛·

基础教育海洋特色课程汇

顾　　问

管华诗　中国工程院院士、中国海洋大学原校长

编　委　会

主　　任　王轶强　青岛市市南区教育和体育局局长

副 主 任　孙方凯　青岛市市南区教育和体育局总督学

　　　　　　卢雪梅　青岛市市南区教育和体育局副局长、区教育保障中心副主任

　　　　　　孙　莉　青岛市市南区教育和体育局副局长

　　　　　　王　卫　青岛市市南区教育研究中心主任

　　　　　　孙晓梅　青岛市市南区教育和体育局副局长

编　　委　刁丽霞　冯　骋　董坤凌　徐学红　关　茜　杨国青　杨希婷

　　　　　　杨　蔚　叶少远　颜秉君　徐慧颖　于风丽　张会英　张培欣

　　　　　　臧旭东　韩　强　许占斌　松　梅　刘　琨　陈翠玉　王　山

　　　　　　于　泳　师　蓉　宋立群

总　策　划

王轶强

执 行 策 划

王　卫　刁丽霞　董坤凌

本 册 主 编　张培欣

本 册 副 主 编　贾振君　王钦呈　辛兆亮　韩秀磊

本 册 编写人员　张培欣　王钦呈　孙　毅　刘德洁　韩秀磊　贾振君　刘勇永

　　　　　　　　牛治斌　宁文娟　辛兆亮　杨　勇　胡　静　朱同乐　曹　华

　　　　　　　　江保龙　李红亮　鄢　羽　洛圆博　杨林林　王　鑫　仇春艳

序 xu

　　我国是海洋大国，主张管辖的海域面积约为300万平方千米，拥有18000多千米的大陆海岸线，以及许多美丽的岛屿和海滨城市。海洋蕴藏着丰富的宝藏，是我们生活家园的一个重要部分。我们应该在孩子们心中从小播下了解海洋、热爱海洋、利用海洋和保护海洋的种子。

　　青岛是我国海岸线上一颗璀璨的明珠，市南区有着美丽的风景，这里红瓦绿树、碧海蓝天，人民依海而生，因海而兴。市南区的教育工作者们为了让孩子们认识海洋、热爱海洋，编写了"基础教育海洋特色课程汇"丛书。该丛书涵盖了从幼儿园到初中各个学段的课程，充分体现了培养德智体美劳全面发展的社会主义建设者和接班人的教育方针。该丛书由浅入深、内容丰富、图文并茂，符合少年儿童的认知特点，是一套很有特色的地方教材，填补了我国海洋教育与学科课程融合这方面的空白。

　　海洋强国梦是实现中华民族伟大复兴梦的重要组成部分。海洋教育不仅要在海滨城市推广，内陆的孩子也需要了解海洋。"基础教育海洋特色课程汇"提供了很好的教材。希望市南区的老师们努力实践，并不断完善这套教材。

　　青岛市市南区是中国教育学会第一批教改实验区，从2003年开始我就与他们有密切的联系。看到市南区教育的发展和他们所取得的成绩，我非常高兴，特写此为序。

2019年3月16日

　　（顾明远　北京师范大学资深教授，国家教育咨询委员会委员，北京明远教育书院名誉院长，曾任北京师范大学副校长、国务院学位委员会评议组教育学科召集人、中国教育学会会长、世界比较教育学会联合会联合主席等职）

前言 QIANYAN

　　从人类与海洋相遇的那一刻起，一个美丽的故事就开始了。自古以来，人类都在努力地了解海洋、开发海洋，与海洋和谐相处，因为海洋是人类文明的摇篮、资源的宝库，是人类生存与发展的重要基础和希望。

　　我国是海洋大国。依据《联合国海洋法公约》，我国拥有主张管辖的海域面积约为300万平方千米。我国漫长的海岸线逶迤蜿蜒，绘就了祖国壮丽雄伟的海洋美景。青岛，正是这条海岸线上一颗璀璨的明珠。市南区作为青岛市的主城区之一，依海而生，因海而兴，海洋优势明显，发展空间广阔。

　　然而，我国还不是海洋强国。为了积极践行习近平总书记提出的"要进一步关心海洋、认识海洋、经略海洋，推动我国海洋强国建设不断取得新成就"的指示精神，青岛市市南区教育和体育局以寻找海洋创新驱动为出发点，以全国教育科学"十三五"教育部规划课题"区域推进海商教育的实践研究"为抓手，进一步优化海洋远景规划，深度推进区域海洋教育实践研究。为了培养学生"亲海、爱海、知海、用海"的意识，激发他们保护海洋、探索海洋、维护海洋权益的责任感与使命感，青岛市市南区教育和体育局组织学科教研员和一线骨干教师，倾力打造推出本套"基础教育海洋特色课程汇"丛书。

　　"基础教育海洋特色课程汇"丛书涉及德育、智育、体育和美

育等方面的11个学科，覆盖幼儿园、小学、初中全学段。由具备丰富教学经验的学科教研员和骨干教师组成的主创团队，历时两年将陆续推出《海之魂》《海之韵》《海之蒙》《海之魄》《海之美》《海之奇》《海之妙》《海之德》《海之情》《海之旅》《海之秘》等分册，内容丰富，精彩纷呈。

本丛书图文并茂、设计精美，配图主要由市南区在校学生和教师亲手绘制。可以说，本丛书承载了市南教育人的海洋梦，凝聚了市南教育精英的智慧。本丛书的出版既是成果，也是起点。培养具有海洋素养的学生是市南海洋教育人不懈的努力方向，而这套丛书则是我们砥砺前行的足迹。

本丛书的编写得到了青岛市市南区教育和体育局领导以及全体师生的鼎力支持和辛勤付出，中国海洋大学、青岛大学等高校海洋教育相关领域的专家也给予了大力支持。来自各方的帮助和支持确保了本丛书的编创和出版工作得以顺利完成，在此谨向有关单位和人员表示衷心的感谢。

限于学科视野及能力，书中疏漏与不妥之处在所难免。我们热切希望在丛书的使用过程中能够得到广大师生的帮助及相关专家的指导，以使其不断优化，渐趋完善。

编　者
2019年3月

致读者

ZHI DU ZHE

为提升学生海洋意识，发展学生学科核心素养，在全国教育科学"十三五"教育部规划课题"区域推进海商教育的实践研究"的统领下，按照体育与健康学科的国家课程标准，结合体育与健康学科特点，本书将海洋和健康学科教育有机融合，进行内容拓展或补充，成为区域推动"海洋教育2.0行动计划"的实施载体之一。

小学体育海洋主题课程依托沿海城市海洋资源优势，按照"学生发展核心素养及学科核心素养"框架，结合海洋体育运动发展的要求，介绍了沙滩体育运动、海洋休闲体育、海上生存技能、帆船运动等内容。

本书在海洋教育专家和课程专家的指导下，由青岛市市南区教育研究中心协同区域小学体育骨干教师团队合编而成。全书共分七个部分。第一至第三部分主要包括课程指导思想、课程实施目标、课程基本内容，由张培欣负责编写。第四至六部分主要包括课程实施方法与建议、课程评价方式与建议以及课程资源，由朱同乐负责编写。第七部分是课程的实用教程，共涉及四个模块内容，分工如下：沙滩体育运动模块由王钦呈等编写；海洋休闲体育模块由贾振君等编写；海上生存技能模块由曹华等编写；帆船运动模块由王鑫等编写。

限于水平，本书难免存在问题与不足，恳请广大读者多提宝贵意见和建议，以便在再版时修订完善。

编 者

2020-07-20

目 录

CONTENTS

第一部分　课程指导思想

随着我国素质教育的深入开展，海洋教育作为立德树人、培养学生的核心素养、促进学生全面发展的重要载体，不仅构筑了学校教育教学改革的新阵地，也为区域体育的新态势提供了新的平台。

本课程依托沿海城市资源优势，遵循学生发展核心素养及学科核心素养的要求，结合海洋体育运动的趋势，全面构建了海洋体育的内容体系。通过本课程的学习，学生能系统了解海洋体育运动知识，树立正确的体育观和海洋观，全面提升核心素养，形成良好的锻炼习惯，实现自身的全面发展。

第二部分　课程实施目标

体育海洋主题课程对落实立德树人的根本任务、培养学生的学科核心素养及有效落实整体育人的目标具有重要意义。通过本课程的学习和实践，引导学生基本掌握海洋体育的基础知识与方法，发展体育与健康的实践和创新能力，体验运动的乐趣和成功感并养成体育锻炼的习惯，培养良好的心理素质，合作与交往能力，增强主动管理健康的意识，形成健康的生活方式和积极进取、乐观开朗的人生态度。

本课程实施目标包括运动能力、健康行为和体育品德三个方面，具体说明如下。

一、运动能力

初步理解所学海洋体育运动项目的名称和动作术语，并能通过不同的表现形式感知运动过程；初步了解一些海洋体育运动的知识；能够运用所学的海洋体育知识与方法参加与组织海洋体育展示和比赛活动；掌握和运用所学海洋运动项目的裁判知识和规则；提高发现问题、分析问题和解决问题的能力；能够了解和分析有关海洋体育的赛事和事件，具有运动欣赏能力，从而提高体育文化素养和理解力。

二、健康行为

知道并掌握海洋体育活动中安全避险的知识和方法，增强安全意识和防范能力，养成将安全意识迁移到日常生活中的能力；乐于参加校内外组织的海洋体育活动，掌握科学的锻炼方法，养成良好的锻炼习惯，学会自我健康管理，提高适应自然环境的能力；学会调控情绪的方法，体验海洋体育活动对情绪的积极作用，情绪稳定，包容豁达，乐观开朗，善于交往与合作，在团队中能较好地履行自己的职责，增强适应新环境的能力；养成文明的生活方式，改善身心健康状况，培养生活和生存的能力。

三、体育品德

　　培养良好的体育品格、体育精神和体育道德；能够主动克服困难，关心和帮助同学，树立集体荣誉感；遵守运动规则并初步自我规范体育行为，对体育道德具有一定的认识并能努力实践，胜不骄，败不馁，尊重同伴，尊重对手，尊重裁判，具有公平竞争的意识；能胜任不同的运动角色，表现出团队合作与负责任的行为，形成良好的体育道德行为并将之迁移到日常生活中，树立正确的体育品德观。

第三部分　课程基本内容

　　体育海洋主题课程是基于人类对海洋本身的认识，利用海水、滩涂、沙滩、岛礁等开展的体育文化活动，具有地域性、生态性、观赏性、参与性、娱乐性等特点，是人类体育活动发展的新方向。开展海洋体育活动，旨在推广和宣传海洋体育运动，传授海洋体育知识、技术和技能。本教材主要涉及沙滩体育运动、海洋休闲体育、海上生存技能以及帆船运动等内容。

一、沙滩体育运动项目简介

　　沙滩体育运动是指在沙滩上进行的体育运动，其场地宽敞、环境优美，是一项很有吸引力的运动。沙滩体育运动项目在开展过程中具有短兵相接、攻防转换快、战术运用相对简单的特点，场面较为激烈，给学生带来无穷乐趣。除了强化肌肉和关节机能外，沙滩体育运动还可以提高学生的供氧能力。本部分主要让学生了解各项沙滩体育运动项目的起源、练习方法和比赛规则等理论知识，培养学生的团队合作意识，提高他们自主探究的学习能力，培养他们的创新意识，使他们具有知海、爱海、亲海的海洋情怀。

附：模块教学计划

年级	主题	学习目标
一	沙雕	1.了解沙雕的起源及著名的沙雕节。 2.初步学会沙雕雕刻的基本方法。 3.乐于参加户外活动，发展户外运动能力，培养合作意识和审美情趣
二	沙滩拔河	1.了解沙滩拔河的起源。 2.初步了解沙滩拔河比赛的规则及技巧。 3.培养团队合作精神和竞争意识，提高在沙滩体育活动中适应新合作环境的能力

续表

年级	主题	学习目标
三	沙滩摔跤	1. 了解沙滩摔跤的起源。 2. 掌握沙滩摔跤的基本规则及取胜技巧。 3. 培养自信、勇敢的品质，乐于参加新的体育活动、体育游戏和比赛
四	沙滩放风筝	1. 了解沙滩放风筝的起源。 2. 初步掌握沙滩放风筝的步骤和方法并学会制作风筝。 3. 培养自主创新能力，在活动中乐于交流与合作
五	沙滩木球运动	1. 了解沙滩木球运动的起源。 2. 初步掌握沙滩木球运动的基本技术和比赛规则。 3. 培养自主学习、合作学习和探究学习的能力
六	沙滩卡巴迪	1. 了解沙滩卡巴迪的起源。 2. 初步掌握沙滩卡巴迪的比赛规则和比赛技巧。 3. 在团队体育活动中能较好地履行自己的职责

二、海洋休闲体育项目简介

海洋休闲体育是指在空闲时间，将自身融于大海、阳光、沙滩等滨海环境里，使内心愉悦与放松的海洋休闲活动，如潜水、沙滩排球、游泳等。本模块通过学习海洋休闲体育、环岛自行车运动、攀岩运动、青岛国际沙滩节、海上运动、海钓运动六部分内容，培养学生自主探究、合作学习和综合实践能力，通过海洋休闲体育促进学生身心健康，让学生学会生活、热爱生活，养成健康的生活方式。

附：模块教学计划

年级	主题	教学目标
一	认识海洋休闲体育	1. 知道海洋休闲体育的名称，如游泳、潜水、冲浪等。 2. 初步掌握海洋休闲体育的知识，找到适合自己的海洋休闲体育项目。 3. 激发进行海洋休闲体育的兴趣，在空闲时间积极进行海洋休闲体育运动，达到愉悦身心的目的

续表

年级	主题	教学目标
二	环岛自行车运动	1. 了解环岛自行车运动的名称和国内环岛自行车运动的相关赛事。 2. 初步学会环岛骑自行车的基本动作。 3. 激发参与环岛自行车运动的热情，享受骑自行车的乐趣
三	攀岩运动	1. 了解攀岩运动的种类和方法。 2. 初步掌握攀岩运动的基本技术与攀岩装备的使用方法。 3. 在有一定难度的攀岩运动中不怕苦累，坚持完成任务
四	青岛国际沙滩运动节	1. 了解青岛国际沙滩运动节的举办时间、地点和相关运动项目。 2. 尝试体验青岛国际沙滩运动节中的体育运动并加以练习。 3. 感受青岛国际沙滩运动节为青岛所带来的影响，培养热爱运动、终生运动的好习惯
五	海上运动	1. 了解海上运动项目的名称及其休闲健身价值，如潜水、帆船、帆板等。 2. 基本掌握海上运动项目（如帆船）的技术要领。 3. 了解并学会一些海上安全的知识与方法，在海上运动项目中表现出自信和克服困难的勇气
六	海钓运动	1. 了解海钓运动所需要的条件，掌握技法中的重点。 2. 能够说出一种海钓抛投方法、海水垂钓和船钓的方式、饵料以及矶钓钓位的选择方法。 3. 通过其他海钓运动项目，进一步体会海钓运动的独特魅力，培养爱海、护海的意识

三、海上生存技能项目简介

海上生存技能是指当船舶在海上遇到触礁、搁浅、严重碰撞或火灾等事故时，能够运用海上生存知识，将所遭遇的困难降至最低程度，从而延长生存时间，增加获救机会直至脱险获救的技能。

我国有许多的海滨城市，海上活动丰富多彩。大海在带给我们健康和快乐的同时，也存在着未知的危险。

本模块以海上生存技能为主要内容介绍了海上生存必备用具、救生设备、海上求生、海上逃生、溺水救护、定向航海等知识。通过教学，培养学生的海上生存技能和海上生存意志，让他们具备更多的技能和勇气去认识海洋和走向深蓝。

附：模块教学计划

年级	主题	教学目标
一	海上生存必备用具	1. 了解海上生存环境状况和可能出现的问题。 2. 根据海上生存环境状况，初步认识海上生存所需要的用具，了解海上生存必备用具的使用方法。 3. 培养自救意识，提升海上生存的能力，培养海上生存的意志
二	救生设备	1. 初步了解海上求生的定义，明晰海上求生的要点，清楚海上求生中可能遇到的主要困难。 2. 了解海上求生的一般原则和所需救生设备，初步学会救生设备的使用方法。 3. 培养求生意识和顽强的求生意志，努力适应海上求生过程中新的合作环境
三	海上求生	1. 初步了解各种海上求生方法，了解方法中的重点。 2. 能够了解海上求生的基本要素，怀着自我保护、关爱他人的思想参与海上求生学习，了解海上求生的重要性。 3. 了解其他海上求生的方法
四	海上逃生	1. 了解海上逃生的各种生存技能。 2. 初步掌握海上灾难的特点，师生有针对性地进行逃生演练。 3. 通过拓展练习掌握海上逃生方法，培养坚持完成有一定困难活动的能力，在体育课中乐于交流与合作
五	溺水救护	1. 初步了解海上溺水时的不同情况及简单的自护自救方法。 2. 了解常见的海上溺水特点，掌握在不同情况下有针对性地进行溺水救护的方法。 3. 通过拓展练习掌握更多的海上溺水救护的方法，培养克服困难的意志
六	定向航海	1. 了解定向航海的起源以及相关知识，体会其蕴含的海洋体育文化。 2. 知道科技对定向航海的推进作用，了解定向航海的操作方法。 3. 了解其他航海运动的规则，培养参与定向航海的兴趣和竞赛时的顽强意志

四、帆船运动项目简介

帆船运动是水上运动项目之一，是依靠自然风力作用于帆上，由人驾驶船只行驶的寓竞技、娱乐和探险于一体的体育运动。现代帆船运动已经成为沿海国家和地区较为普及的体育活动之一，也是各国人民进行文化交流的重要手段。青岛作为中国帆船运动的发源地，受到了国际帆船界的高度重视和赞扬。青岛市"帆船运动进校园"活动是打造"帆船之都"的一项重要举措。通过教学，学生将学会帆船赛事、帆船安全等基本知识，掌握如何组装、养护与驾驶帆船的技能与方法，体验帆船运动的乐趣和成功感，养成体育锻炼的习惯，培养冒险精神，提高合作与交往能力，增强主动管理健康的意识，形成良好的生活方式和积极进取、乐观开朗的人生态度。本模块将从海洋环境、帆船活动、帆船安全、帆船保养、帆船组装与养护等方面进行介绍。

附：模块教学计划

年级	主题	学习目标
一	帆船运动安全知识	1. 能说出进行帆船练习时所需要的基本物品名称。 2. 掌握帆船运动安全知识。 3. 能够在帆船运动中正确使用基本物品，学会穿救生衣
	认知OP级帆船	1. 初步了解OP级帆船的特点及发展简史。 2. 学会设计一艘自己喜欢的帆船。 3. 努力完成本课学习任务，树立为国争光的理想
二	常用绳结	1. 知道8字结、平结、单套结、丁香结四种常用绳结的名称与功用以及绳缆的维护方法。 2. 通过讲解、现场操作以及比赛，初步学会四种常用绳结的操作方法。 3. 学会相互学习与合作，努力完成当前的学习任务
	美丽的奥帆中心*	1. 了解奥帆中心的帆船港、主防波堤、下水坡道、陆域停船区、奥运会火炬广场、灯塔的基本情况。 2. 通过模拟导游讲解、互动以及比赛的方法，能说出奥帆中心各个配套设施与区域的功用。 3. 乐于参加户外活动，发展户外运动能力

---

* 奥帆中心的全称是青岛奥林匹克帆船中心。

续表

年级	主题	学习目标
三	保护海洋环境	1. 了解海洋环境的现状，懂得保护海洋环境的重要性。 2. 乐于参与保护海洋、爱护自然的活动，能够自觉捡拾垃圾、清理浒苔等。 3. 培养保护海洋环境的良好意识和习惯
	青岛的帆船赛事	1. 初步了解青岛的环球帆船赛事，能够说出沃尔沃环球帆船赛、克利伯环球帆船赛、国际极限帆船系列赛的名称。 2. 能够说出自己喜欢的帆船赛事并简单介绍。 3. 具有参与帆船运动的意识
四	帆船运动进校园	1. 了解青岛市"帆船运动进校园"活动的开展情况。 2. 感受帆船活动和比赛中的乐趣，激发参与帆船运动的兴趣。 3. 了解青岛的帆船赛事
	了解OP级帆船	1. 了解OP级帆船及其特点。 2. 基本掌握OP级帆船的主要器材、部件及其作用。 3. 通过小组合作组装帆船模型，培养合作和完成任务的能力
五	帆船的保养、维护及组装	1. 了解帆船日常护理的方法以及维护帆船所需要的基本物品。 2. 掌握帆船的基本组装方法。 3. 通过小组合作组装帆船模型，培养合作和完成任务的能力
	帆船的驾驶技术及比赛规则	1. 初步了解帆船的驾驶技术和比赛规则。 2. 掌握利用风向操作帆船的方法，能观赏帆船比赛。 3. 培养在团队活动中能较好地履行自己职责的能力，增强责任感
六	2008奥帆赛	1. 初步了解青岛承办2008年奥帆赛的优势和比赛项目的设立情况。 2. 掌握2008奥帆赛比赛模式、比赛海域、航线图形等知识。 3. 培养在合作学习中能完成自己任务的能力，搜集更多的资料与大家分享
	帆船航行中意外情况的处理	1. 了解帆船运动中可能出现的意外情况。 2. 掌握帆船在航行中出现意外情况时的应对措施及处理方法。 3. 培养逆境中控制情绪和自我激励的能力

第四部分　课程实施方法与建议

依据《义务教育体育与健康课程标准（2011年版）》，教师应根据实际情况合理设计并有效实施体育海洋主题课程的教学，提高教学质量。

体育海洋主题课程的教学质量和效果主要体现在学生对海洋体育知识的掌握、对运动方法的习得、体能的增强和学习行为的变化等方面。教师要认真研究教学目标、教学内容、教学方法、教学评价等问题，保证教学的有效实施和教学质量的提高。

一、设置教学目标的建议

1. 实现教学目标的多元化。

体育海洋主题课程教学目标的设置应充分体现对运动能力、健康行为和体育品德三个方面的要求，强调运动参与、运动技能、身体健康、心理健康与社会适应五个方面目标的有机整合，凸显体育与健康课程的多种功能和价值。体育海洋主题课堂教学，在体现多元化教学目标的同时，可侧重于某一目标的具体达成。

2. 细化教学目标。

教师应结合实际，将教学目标具体化，提高目标的可操作性，有计划、有步骤地促进教学目标的达成。教学目标是由学年目标、模块目标、课时目标组成的完整体系，教师应根据《义务教育体育与健康课程标准（2011年版）》的总要求制定各层次的具体教学目标。具体教学目标一般应该包括"条件"（在什么情境中）、"行为"（做什么和怎么做）和"标准"（做到什么程度）三个部分。为了更好地表示目标的层次性，在设置教学目标时应使用能够体现不同层次意义的行为动词。

3. 目标难度适宜。

教师应根据学生的认知水平和运动水平，设置能激发学生的学习动机和愿望、经过师生共同努力能够达成的学习目标。

二、选择和设计教学内容的建议

1. 体现"目标引领内容"的思想。

教师应根据体育与健康课程的目标，认真分析体育海洋主题教材，选择和设计教学内容，提高学生的运动认知、技能和体能水平，加强学生健康行为的意识，促进学生身心协调发展。

2. 符合学生身心发展特点。

教学内容的选择和设计要充分考虑不同学段学生的体育海洋主题学习基础、身体特征、体能发展敏感期和心理发展特点等，提高教学内容的针对性。

3. 充分考虑学生的运动兴趣与需求。

教学内容的选择和设计应以学生喜闻乐见的海洋及沙滩运动项目为重点，并与学生已有的体育经验和生活经验相联系，激发与培养学生的运动兴趣，调动学生学习的积极性。

4. 适合教学实际条件。

教学内容的选择和设计要充分考虑场地与设施条件以及季节、气候和安全等具体情况。

5. 重视海洋教育。

各校应根据实际情况，每学年保证开展6课时的体育海洋主题课程内容教学。

三、选择与运用教学方法的建议

在体育海洋主题课程教学中，教学方法要根据学习目标、教学内容、学生实际、体育海洋主题课程资源等方面进行选择与合理运用。

项目阶段	教师活动	项目流程	学生活动	技术支持
项目引入阶段	创设情境抛出问题	确定项目	感知项目了解问题	多种媒体形式创设问题情境
	任务明晰提供指导	制订计划	明确计划任务分工	认识工具、协作分工
项目活动探究阶段	提供资源支持教学	活动探究	协作交流自主探究	网络平台提供微课等学习资源支持活动探究
	提供帮助指导反馈	作品制作	实践创作完成作品	信息技术工具，交流协作平台
项目成果展示阶段	组织汇报综合点评	成果交流	汇报展示交流评价	多媒体展示工具、网络平台互动评价
	项目评审总结反思	总结评价	经验总结反思修正	网络平台学习日志、讨论区反思总结

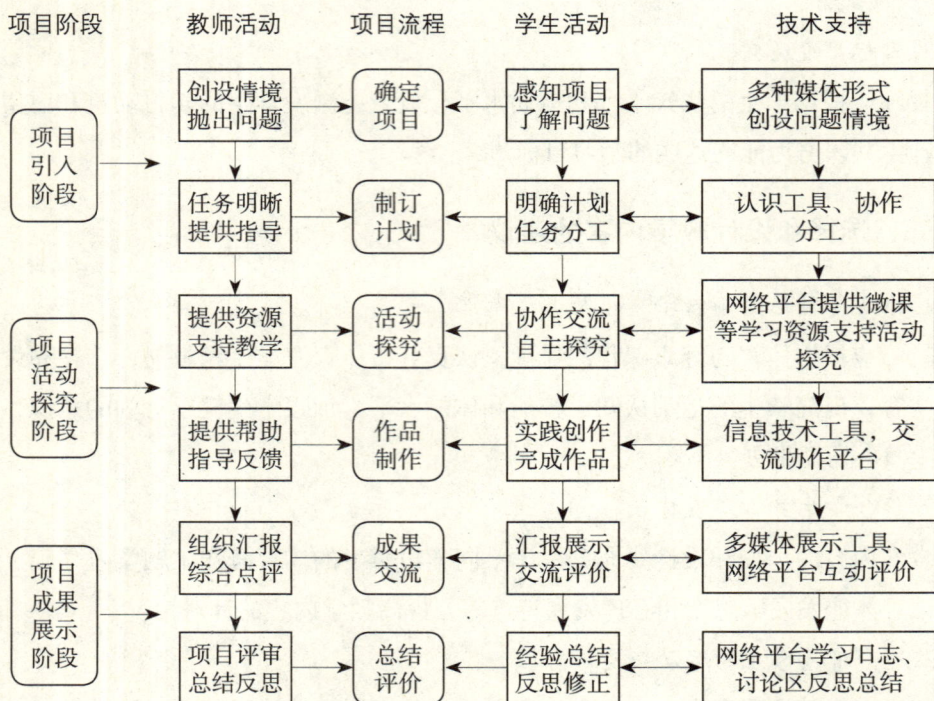

（1）应有利于促进学生海洋体育知识与技能、过程与方法、情感态度与价值观的整体发展，充分发挥体育促进学生全面发展的重要作用。

（2）应针对不同水平学生的身心发展特点，遵循不同内容的教学规律与要求，借鉴项目式学习的操作方法进行更有针对性和实效性的教法与学法创新，调动学生学习体育海洋主题课程的积极性。

（3）应创设民主、和谐的体育海洋主题教学情境，有效运用自主学习、合作学习、探究学习与传授式教学等方法，引导学生在体育海洋主题活动中，通过体验、思考、探索、交流等方式获得体育海洋主题的基础知识和基本方法，培养应对问题、自我锻炼、交往合作等能力，开展富有个性的学习，不断丰富体育活动经验，学会体育学习和锻炼。

（4）应在体育海洋主题知识与方法教学的同时，安排一定的时间，选择简便、有效的拓展练习，采用多种多样的表现形式，发展学生的体能。

（5）应高度重视学生之间的个体差异，在体育海洋主题教学中做到区别对待、因材施教，特别要关注体育基础较差的学生，有针对性地采用相应的教学方法，提高他们的自尊心和自信心，使每一位学生得到更好的发展。

第五部分 课程评价方式与建议

体育海洋主题课程的学习评价是促进学生达成学习目标的重要手段。《义务教育体育与健康课程标准（2011年版）》倡导体育与健康学习评价以多元的内容、多样的方法、多元的评价标准和评价主体，构成科学的体育与健康学习评价体系，多方面收集评价信息，准确反映学生的学习情况，充分发挥评价的诊断、反馈、激励与发展功能，更有效地挖掘每一位学生的体育与健康学习潜力，调动他们的体育与健康学习积极性，促进学生更好地"学"和教师更好地"教"。

一、明确体育海洋主题课程学习评价目标

体育海洋主题课程非常重视每一位学生的全面发展，强调通过体育海洋主题的学习评价有效促进学生的不断发展。因此，教师在确定体育海洋主题学习评价的目标时，应关注以下几个方面。

（1）了解学生的体育海洋主题课程的学习和发展情况，以及达到学习目标的程度，为制订下一步教学计划做好准备。

（2）分析学生在体育海洋主题课程学习过程中存在的不足及其原因，以便改进教学。

（3）发现学生在体育海洋主题课程中的学习潜能，为其提供展示自己能力、水平和个性的机会，鼓励和促进学生的进步与发展。

（4）培养与提高学生自我认识、自我教育、自我发展的能力。

二、合理选择体育海洋主题课程学习评价内容

（1）体能的评价主要根据《国家学生体质健康标准（2014年修订）》的相关规定以及教学的实际情况来确定体能测试的指标。

（2）知识与方法主要根据《义务教育体育与健康课程标准（2011年版）》的学习目标与要求，以及教学的实际情况，选择相应的体育海洋主题知识、运动能力评

价指标，评价学生体育海洋主题知识和方法的掌握程度，以及对所学知识和方法的应用能力等。

（3）态度与参与主要对学生体育海洋主题课的出勤率、课堂表现、学习兴趣、积极主动地探究问题，以及课外运用所学知识和方法参与海洋体育活动的行为表现等进行评价。

（4）情意与合作主要对学生在体育海洋主题学习和锻炼中的情感表现、意志品质、人际交往与合作行为等进行评价。

各校可根据教学的实际情况和学生的学习需求，自行确定不同水平学生的体育海洋主题课程学习评价内容的权重分配。

三、采用多样的体育海洋主题学习评价方法

体育海洋主题课程的评价标准强调各校根据学习目标的基本要求，结合本校的体育与健康教学实际，运用多样的评价方法，全面、综合地评价学生的体育海洋主题学习情况。学习评价既要注意评价的科学性、公正性、准确性，保证评价结果的可信度和有效性，又要注意评价的简便、实用和可操作性，制定出适合本校实际的体育海洋主题学习评价标准。通过学习评价，调动学生学习的主动性和教师教学的积极性，充分发挥评价的育人功能。

1. 定性评价与定量评价相结合。

对体能、知识与技能指标应主要采用定量评价的方法（如等级制评价、分数评价等），对态度与参与、情意与合作指标应主要采用定性评价的方法（如评语式评价等）。对不同水平的学生应采用不同的评价方式。

2. 形成性评价与终结性评价相结合。

在体育海洋主题教学中，教师应注意观察与记录学生的行为表现，用口头评价的方式，及时向学生反馈评价信息，帮助学生了解自己的学习情况、改进学习方法从而不断提高学习能力。在对学生学期或学年的学习成绩进行评价时，教师应综合学生在体能、知识与技能、态度与参与、情意与合作方面的学习情况和发展变化，以及模块测试成绩，进行终结性评价，给出综合成绩，写出评语，将评价结果反馈给学生并放入学生的"成长记录袋"中。最后，教师对学生的体育海洋主题学习成绩进行班级汇总，上交给学校教务处。

3. 相对性评价与绝对性评价相结合。

体育海洋主题课程非常重视学生的个体差异和进步幅度，建议教师将每学期结

束时的测试结果、学生在该学期体育与健康学习各方面的进步幅度（即进步成绩＝期末成绩－期初成绩），以及教师的课堂教学记录结合起来，结合相应的评价指标（如相关海洋运动知识、道德行为等）进行综合评价，使每一位学生都能感受到通过努力所带来的成功体验，有效地提高每一位学生的自尊和自信。

四、发挥多方面评价主体的作用

为了更好地发挥学习评价的作用，既要采用教师评价，也要关注学生的自我评价和相互评价，并努力发挥其他有关人员的评价作用。

1. 教师评价。

教师在体育海洋主题学习评价中起主要作用。教师的评价应具有很强的权威性，须尽力做到全面和准确。教师要用发展的眼光来评价学生，以表扬和激励为主，并提供尽可能多的具体反馈以及改进与提高的建议。

2. 学生评价。

教师应充分调动学生参与体育海洋主题学习评价的主动性和积极性。学生评价的方式有自评、互评和小组内评价等。教师应加强对学生评价的指导，提高学生正确评价自己和他人的能力。

3. 其他人员评价。

学生的体育海洋主题课程学习需要得到各方面人士的支持和鼓励。建议让班主任乃至家长等参与到学生体育海洋主题学习评价中来，上述人员的评价可以作为对学生评价的参考。

五、合理运用体育海洋主题学习评价结果

教师应及时将评价结果反馈给学生，与学生一起分析体育海洋主题学习目标的达成程度以及学习中存在的进步与不足，帮助学生改进学习方法与策略、不断取得进步、增强自尊与自信、提高对体育海洋主题课程的学习兴趣、养成良好的锻炼习惯和生活方式。

教师应正确处理体育海洋主题的学习评价与《国家学生体质健康标准（2014年修订）》测试和"体育中考"等的关系，避免大量的"应试课"冲击和替代正常教学课的现象，以免影响体育与健康的教学质量。

第六部分　课程资源

无论是国家课程的开发，还是地方课程，尤其是综合实践活动和校本课程的建设，都离不开大量课程资源的支撑。合理开发和利用课程资源是课程改革顺利达到预期目标、促进学生全面发展、有效提高教育教学质量的重要保障，并为教师教学方式和学生学习方式的转变提供了广阔的空间。

体育海洋主题课程资源的开发大致有以下六条途径。这些途径并不是截然分开的，在开发的时候需要有机地整合在一起。

一、人力资源的开发与利用

体育教师是最重要的体育海洋主题课程资源，体育教师应充分发挥自己的主观能动性，创造性地开展体育海洋主题教学。学校和体育教师应该有意识地调动学生、班主任、活动课教师、校医、团干部、少先队辅导员、有海洋体育项目特长的其他课程教师、社会体育人才、社区医生和学生家长等的积极性，充分发挥他们的作用，促进他们参与体育海洋主题教学指导、教学评价、课外海洋体育活动、海洋主题运动会以及督促学生参加校外海洋体育锻炼等。

二、体育设施和器材资源的开发与利用

各地、各校应按照教育部《中小学体育器材设施配备目录》的规定配齐体育设施和器材。同时，还要大力开发和充分利用其他体育设施和器材资源并创造性地应用，从而保证体育海洋主题课程的有效实施。

1. 开发与利用校内外的场地和设施资源。

学校既要充分开发与利用校内的各种场地、设施等开展体育活动，如墙面、树林、食堂、较宽阔的走廊、空地等，也要利用社区的体育场馆、设施和器材等资源辅助教学。

2. 发挥体育器材的多种功能。

体育器材一般都可以一物多用，如小垫子既可作为小船，也可以模拟海上的暗礁、救生悬浮物等。

3.妥善保养场地、设施和器材。

学校要通过优化管理，加强对帆船设施和器材的维护与保养，提高它们的使用效率和寿命。

三、课程内容资源的开发与利用

课程内容资源的开发与利用除了要遵循目的性、科学性、可行性、层次性、趣味性和文化性等原则以外，还要特别注意所开发与利用的内容一定要与身体练习相关，无助于身体练习的内容则不应作为体育海洋主题课程的教学内容。

学校和教师在开发与利用运动项目时，还可根据学生和学校的实际，对已有的某些海洋运动项目进行改造，与此同时，注意开发与利用其他新的海洋休闲体育运动项目。

1.现有海洋体育项目的改造。

学校和教师应根据学生的身心发展特征，加强对现有海洋体育项目的改造。可以通过简化规则、简化技术、降低难度、改造场地与器材等手段，开发出适合学生学习的体育海洋主题教学内容。

2.海洋休闲体育运动项目的开发与利用。

海洋体育与健康课程要注意教学内容的时代性。各校可根据实际情况选用帆船、帆板、水上摩托车、滑水、皮划艇钓鱼等海洋休闲运动项目。在注意对海洋休闲运动项目进行教材化改造的同时，应引导学生把追求时尚的项目转变成健康向上、参与性强、安全有益的教学内容。

四、自然地理资源的开发与利用

学校和教师应充分利用附近的地形、地貌，根据当地气候和季节特点开展教学和主题活动。例如，在保证安全的前提下，利用适宜的水域进行游泳，利用沙地进行沙滩排球和足球等。教师还可利用季节特点进行教学活动，如春季组织海洋主题的体育节、木栈道健步行等活动以及夏季开展游泳活动等。

五、信息资源的开发与利用

教师应指导学生充分利用图书馆、阅览室、各种媒体（如广播、电视、互联网等），多渠道地获取体育海洋主题课程的有关信息，丰富学生的海洋体育文化知识、健康知识，帮助学生更好地学习和锻炼。

六、时间资源的开发与利用

教师在充分、有效利用有限的体育海洋主题课时间的基础上，还应充分利用课余时间，通过布置课外作业等方式，引导学生积极参与课外海洋体育锻炼和健康实践活动，不断巩固与提高学生的体育与健康学习成果。体育场地比较紧张的学校要注意合理安排体育与健康课时间，提高体育场地、设施和器材的使用效率。

第七部分　课程实用教程

一年级实用教程

案例一　沙滩体育运动——沙雕

◆ **灯塔指引** ◆

了解沙雕艺术，参与户外运动。

【目标导航】

1. 了解沙雕的起源及著名的沙雕节。

2. 初步学会沙雕雕刻的基本方法。

3. 乐于参加户外运动，发展户外运动能力，培养合作意识和审美情趣。

【海上冲浪】

◎ **冲浪1：沙雕知识广搜集**

课前通过上网搜索、采访、查阅图书等方式，四个小组分别从沙雕的起源、著名的沙雕节、沙雕制作步骤、沙雕制作技巧四个方面，搜索沙雕艺术的相关资料，并探讨各自的展示形式（图7-1-1）。

图7-1-1　认识沙雕

◎ **冲浪2：沙雕艺术大展示**

各小组以PPT演示和讲解员解说等形式，将收集到的资料进行交流分享（图7-1-2）。

◎ **冲浪3：沙雕知识我梳理**

1. 沙雕的起源。

沙雕是以海滩上的沙和水为材料，通过堆、挖、雕、掏等手段，雕塑成各种造型的一门现代艺术。

图7-1-2　小组分享

沙雕起源于美国，美国人Gerry Kirk被誉为沙雕艺术的鼻祖。沙雕将自然美与艺术美完美地融为一体，既体现出人与自然的亲和力，又彰显了人们将生活审美化的独特品位。沙雕的真正魅力在于以纯粹自然的沙和水为材料，通过艺术家的创作，展现迷人的视觉效果。沙雕以其特有的艺术品位与魅力风靡全球（图7-1-3）。

较为著名的沙雕节有美国佛罗里达州沙雕节、美国波士顿国际沙雕节、中国舟山国际沙雕艺术节、日本鸟取沙雕艺术节等。

图7-1-3　沙雕艺术

2. 沙雕的制作流程。

第一步：用围框围成一个长方形沙基堆。

第二步：向围框里填倒沙子。

第三步：向沙基堆里浇水，水和沙子的比例大体上要相当，也就是说，填入多少沙子就要浇多少水。而要使一盘散沙始终保持着可塑性，必须不断给它们"喂水"。

第四步：先用工具不停夯打沙基堆的每个点，再继续加沙子。将前面的步骤重复三遍后，基本就能固定好底层的沙基堆，然后继续向上发展。

夯实好的沙基堆就可用来进行沙雕创作了。

◎ **冲浪4：课内拓展我体验**

各小组成员在组长的带领下，分工合作，进行沙雕制作，并与其他小组分享本组作品的创意（图7-1-4）。

【蓝色行动】

图7-1-4　小组成员模拟沙雕制作

以日记的形式记录今天实践活动的感受，并利用课余时间与家长一起进行亲子创作，制作出新的作品。

【海星闪闪】

评价要点：对沙雕知识和制作方法的掌握程度。

评价方法：通过学生评价与教师评价相结合的方式进行总结与评定与奖励。

根据各小组PPT展示及解说进行综合评定，由老师颁发"团队协作"奖章。

根据学生创作的作品，由老师颁发"最佳创意"奖章。

案例二　海洋休闲体育——初识海洋休闲体育

◆ **灯塔指引** ◆

认识海洋休闲体育，乐于参加，愉悦身心。

【目标导航】

1. 知道海洋休闲体育名称，如游泳、潜水、冲浪等。

2. 初步掌握海洋休闲体育的知识，找到适合自己的海洋休闲体育运动。

3. 激发进行海洋休闲体育运动的兴趣；在闲暇时间积极进行海洋休闲体育运动，达到愉悦身心的目的。

【海上冲浪】

◎ **冲浪1：海洋休闲体育知识广搜集**

课前通过上网搜索、采访、查阅图书等方式，五个小组分别从海边沙滩休闲体育项目、海面休闲体育项目、海水中休闲体育项目、海空休闲体育项目、其他海洋休闲体育项目方面，搜索相关内容，并探讨各自的展示形式（图7-1-5）。

图7-1-5　合作交流

◎ **冲浪2：海洋休闲体育知识大展示**

各小组以不同的展示形式，将所搜集的海洋休闲体育相关资料，在课堂上进行交流展示。

◎ **冲浪3：海洋休闲体育知识我梳理**

海洋休闲体育主要分为以下几类。

1.海边沙滩休闲体育项目。

海边沙滩休闲体育项目包括沙滩排球（图7-1-6）、沙滩跑步（图7-1-7）、沙滩足球等。

图7-1-6　沙滩排球

图7-1-7　沙滩跑步

2.海面休闲体育项目。

海面休闲体育项目包括冲浪（图7-1-8）、帆船（图7-1-9）、帆板、划船、海钓等。

图7-1-8　冲浪

图7-1-9　帆船

3. 海水中休闲体育项目。

海水中休闲体育项目包括休闲潜水（图7-1-10）、潜泳（图7-1-11）、蹼泳等。

图7-1-10　休闲潜水

图7-1-11　潜泳

4. 海空休闲体育项目。

海空休闲体育项目包括海上降落伞（图7-1-12）、高空滑翔伞（图7-1-13）、海上滑翼机等。

图7-1-12　海上降落伞

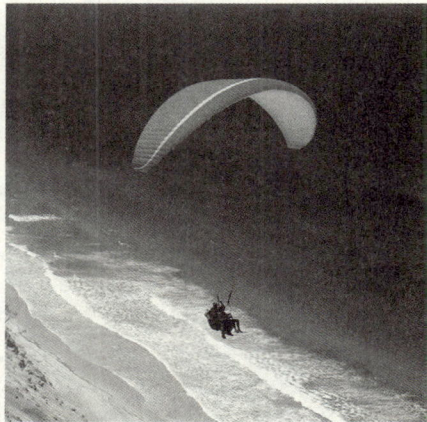

图7-1-13　高空滑翔伞

5. 其他海洋休闲体育项目。

其他海洋休闲体育项目包括环岛自行车运动（图7-1-14）、海边攀岩运动（图7-1-15）等。

图7-1-14　环岛自行车运动

图7-1-15　海边攀岩运动

◎ 冲浪4：海洋休闲体育我体验

画出自己喜欢的一项海洋休闲体育运动，并与其他同学一起分享参与这项运动的喜悦。

【蓝色行动】

课后与家人分享今天学到的知识，并一起到海边进行一项海洋休闲体育运动。

【海星闪闪】

评价要点：对今天所学的海洋休闲体育知识的掌握程度。

评价方法：通过学生评价与教师评价相结合的方式进行总结与评定与奖励。

根据各小组的展示及解说进行综合评定，由老师颁发"团队协作"奖章。

根据小画家创作出的海洋休闲体育运动的作品，由老师颁发"最佳创意"奖章。

案例三 海上生存技能——海上生存必备用具

◆ 灯塔指引 ◆

了解海上生存必备用具，增强安全意识。

【目标导航】

1. 了解海上生存环境的状况和可能出现的问题。

2. 根据海上生存环境状况，初步认识海上生存所必备的用具，了解海上生存必备用具的使用方法。

3. 培养自救意识，提升海上生存能力，培养海上生存的意志。

【海上冲浪】

◎ 冲浪1：海上生存必备用具广搜集

课前通过上网搜索、采访、查阅图书等方式，四个小组分别从海上生存可能遇到的状况、体验海上生存环境、搜集海上生存必备用具、根据实际状况挑选必备用具等方面搜索有关资料，并探讨各自的展示形式。

◎ 冲浪2：海上生存必备用具大展示

各小组以PPT演示、表演展示和讲解员解说等形式，将收集到的海上生存必备用具相关资料进行交流分享（图7-1-16、图7-1-17）。

图7-1-16 逃生皮艇

图7-1-17 漂浮工具

◎ 冲浪3：海上生存必备用具我梳理

1.海上生存可能遇到的状况（图7-1-18）。

在海上可能会遇到碰撞、爆炸、火灾、触礁、船体破损等突发状况。

碰撞　　　　　　　　　　　　　　　　　　爆炸

船体破损

火灾　　　　　　　　　　　　触礁、搁浅

图7-1-18　海上突发状况

2.体验海上生存环境，搜集海上生存必备用具（图7-1-19）。

救生衣　　　　　　　救生哨　　　　刀子　　　　手电筒

图7-1-19　海上生存部分必备用具

每个小组在组内搜集海上生存必备用具，尽量搜集得比较全面。

各小组在组内交流海上生存必备用具。

各小组之间展示并交流，全班讨论并寻找必备的10种物品，教师汇总。

3.根据海上实际环境，挑选必备用具。

在小组内讨论：在紧急情况下，能否把搜集的10种物品全部带齐。

根据上一环节的讨论，探讨：在紧急情况下，挑选物品应遵循的原则。

除了以上列举的用具外，还需要哪些用具？

4.海上生存必备用具的使用方法。

在小组内交流海上生存必备用具的使用方法、使用条件，并选拔组员在全班交流经验。

◎ **冲浪4：课内拓展我体验**

在海上，我们该如何应对各种可能遇到的天气？我们要如何生存下去？可以做一个板报，在全班交流一下（图7-1-20）。

图7-1-20　海上逃生

【蓝色行动】

海上生存除了准备必备用具之外，还需要具备哪些技能？一旦遇到紧急情况，应该以怎样的态度去面对？

【海星闪闪】

评价要点：对海上出现状况的了解程度，对海上生存必备用具的使用和掌握熟练程度。

评价方法：通过课后小测试、学生评价与教师评价相结合等方式进行总结与评定与奖励。

根据各小组的展示及解说，师生共同综合评定，由老师颁发"乐陶健体"奖章。

根据学生的搜集资料和汇报情况，小组内评选出两名优秀组员，并由老师颁发"海上生存"奖章。

案例四 帆船运动——帆船运动安全知识

◆ 灯塔指引 ◆

了解帆船运动安全知识，提高海上安全意识。

【目标导航】

1. 能说出进行水上帆船练习时所需要的基本物品名称。

2. 掌握帆船运动安全知识。

3. 能够在帆船运动中正确使用基本物品，学会穿救生衣。

【海上冲浪】

图7-1-21 合作交流

◎ **冲浪1：帆船运动安全知识广搜集**

课前通过上网搜索、查阅图书、采访等方式，各小组分别从帆船运动的前提条件、帆船水上练习时所需要的基本物品、正确穿救生衣的方法三方面搜集相关信息，并探讨各自的展示形式（图7-1-21）。

◎ **冲浪2：帆船运动安全知识大展示**

每个小组分别展示所搜集的知识，用课前讨论的展示形式进行交流分享。

◎ **冲浪3：帆船运动安全知识我梳理**

1. 明确学会游泳是进行帆船运动的前提。

帆船运动是一项富有挑战和激情的水上运动项目。学习帆船运动首先要学会游泳，这样在驾驶帆船面对大风大浪时才能保持平静的心情，消除恐惧心理，增强自信心，勇敢地面对困难和危险。只有经过了大风大浪，才能成为真正的小勇士（图7-1-22）。

图7-1-22　帆船运动员在进行测试

2.讲解帆船水上练习时所需要的基本物品及其他安全注意事项。

（1）救生衣（图7-1-23）是必备的。在海上驾驶帆船时，只有一颗勇敢的心是不够的。如果不小心落水，只会游泳并不能完全保证个人的安全，还需要救生衣帮助落水者漂浮在水面上。特别当落水者感到筋疲力尽的时候，救生衣就显得更加珍贵，关键时刻可以挽救生命。因此，在出海航行之前一定要穿着救生衣，同时也要督促他人穿着救生衣，要有对自

图7-1-23　救生衣的穿法

己和他人安全负责的意识，这样才能保证航行的安全。另外，要想出海航行，应该具备在穿着救生衣的情况下，在海上独立游泳不少于50米的距离的能力。

（2）遮阳帽（图7-1-24）能够起到遮挡阳光的作用，使头部免受阳光照射，保护眼睛。

（3）太阳镜（图7-1-25）能减轻从水面上反射回来的阳光对眼睛的刺激，同时防止紫外线对眼睛造成伤害。

（4）航海手套（图7-1-26）可以防止海上的零部件或绳索擦破手，运动员在抓绳索或零部件时握得更牢固。

（5）航海鞋（图7-1-27）鞋底的摩擦力很大，能够帮助运动员在帆船的甲板上站得更稳当。航海鞋被水打湿之后干得很快。

图7-1-24　遮阳帽　　　图7-1-25　太阳镜　　　图7-1-26　航海手套　　　图7-1-27　航海鞋

（6）瓶装水要充足。夏天气温高，身体容易缺水，所以运动员在航行之前和航行过程中要准备足够的瓶装水。

3.其他安全注意事项。

学会了怎样驾驶帆船后，如果要独自出海航行，一定要告知老师或家长自己要到什么地方去练习、什么时候返回，以便在发生危险时可以得到及时的帮助和救助。不要单独外出航行，最好结伴而行以方便相互照应。

◎ 冲浪4：课内拓展我体验

画出游泳或出海所需的物品。

学生之间交流出海航行之前需要准备的物品及这些物品的作用。

【蓝色行动】

救生衣有助于保证运动员航海时的安全。除了本案例中提到的救生衣，还有哪些类型的救生衣？

【海星闪闪】

评价要点：对帆船运动安全知识的掌握程度。

评价方法：通过学生评价与教师评价相结合的方式进行总结与评定与奖励。

奖励方法：根据各小组的展示及解说综合评定，由老师颁发"团队协作小榉树"奖章。

案例五　帆船运动——认识OP级帆船

◆ 灯塔指引 ◆

了解OP级帆船项目，激发对帆船运动的兴趣。

【目标导航】

1. 初步了解OP级帆船的特点及发展简史。

2. 学会设计一艘自己喜欢的帆船。

3. 努力完成本课学习任务，树立为国争光的理想。

【海上冲浪】

◎ 冲浪1：OP级帆船知识广搜集

课前通过上网搜索、查阅图书等方式，三个小组分别从OP级帆船的诞生、OP级帆船的详细介绍、航行归来的注意事项三方面进行查询，在小组内进行交流分享并探讨各自的展示形式。

◎ 冲浪2：OP级帆船知识大展示

每个小组分别搜集资料，并把所搜集的知识在班里进行交流分享。

◎ 冲浪3：OP级帆船知识我梳理

小学生使用的帆船一般是OP级帆船（图7-1-28）。OP是英文单词"Optimist"的缩写，是"乐观者"的意思。1947年，美国一群家长为了让孩子们的业余生活更加丰富多彩，便建议知名设计师Clark Mills先生设计一种专门适合儿童操作的帆船。结果，Clark Mills先生不负众望，OP级帆船就这样诞生了！

图7-1-28　OP级帆船

OP级帆船是儿童和青少年学习帆船运动的初始船型。OP级帆船船体比较小，适合15岁以下的青少年使用。由于OP级帆船只能由一个人驾驶，因而驾驶者既是船长又是水手（图7-1-29）。2012年，中国帆船运动员徐莉佳（图7-1-30）荣获伦敦奥运会女子激光雷迪尔级帆船冠军。徐莉佳就是从OP级帆船开始学习帆船运动的，并且多次获得OP级帆船比赛世界冠军。参加奥运会帆船比赛的运动员大部分是从青少年时期开始接触OP级帆船的。青岛市"帆船运动进校园"活动的主力船型也是OP级帆船。

图7-1-29　OP级帆船训练营

图7-1-30　帆船运动员徐莉佳

图7-1-31　赛后收放帆船

当航行归来时，大家应相互帮助，齐心协力将帆船拖到岸上的停船区，并用清水冲洗船体，这样有利于培养团队精神和合作意识。另外，运动员一定要将自己的帆船放在安全可靠的地方，比如帆船俱乐部或者码头专用停船区（图7-1-31）。

◎ 冲浪4：课内拓展我体验

为奖杯涂上喜欢的颜色，鼓励自己长大后也要为祖国争光。

认识帆船后，自己设计一艘喜欢的帆船（图7-1-32）。

图7-1-32　涂一涂

【蓝色行动】

实地观察OP级帆船并进行实地模拟。

【海星闪闪】

评价要点：对OP级帆船知识的掌握程度。

评价方法：通过学生评价与教师评价相结合的方式进行总结与评定与奖励。

奖励方法：根据各小组展示及解说综合评定，由老师发放"团队协作小榉树"奖章。

二年级实用教程

案例一　沙滩体育运动——沙滩拔河

◆ 灯塔指引 ◆

　　了解沙滩拔河，培养协作意识。

【目标导航】

　　1.知道沙滩拔河的起源。

　　2.初步了解沙滩拔河的规则，学会沙滩拔河的技巧。

　　3.培养团队合作精神和竞争意识，提高在海洋沙滩体育活动中适应新的合作环境的能力。

【海上冲浪】

◎ 冲浪1：沙滩拔河知识广搜集

　　课前通过上网搜索、采访、查阅图书等方式，两个小组分别从沙滩拔河的起源、沙滩拔河比赛技巧两个方面，搜集有关资料（图7-2-1），了解渔岛渔民喜欢沙滩拔河（图7-2-2）的原因以及沙滩拔河的益处。

图7-2-1　沙滩拔河比赛海报　　　　　图7-2-2　沙滩拔河比赛现场

◎ **冲浪2：沙滩拔河知识大展示**

各小组分别以PPT的形式展示搜集到的关于沙滩拔河的相关资料。小组讲解员讲解本小组搜集到的资料，在班里进行分享。

◎ **冲浪3：沙滩拔河知识我梳理**

1. 沙滩拔河的起源。

沙滩拔河为双方各执绳一端进行角力的体育活动，属于我国传统的运动项目。早在春秋战国时期，就有拔河这项活动，不过在那时不叫拔河，而称为"钩强"或"牵钩"，后演变为荆楚一带民间流行的"施钩之戏"。

2. 沙滩拔河的技巧。

（1）准备姿势。

握绳：双手手心要向上。

拉绳：绳要从腋下过，且用上臂夹紧。

脚尖必须在膝盖之前，而且在拔河令发出之前全身应伸展拉直。

（2）站姿。

全体人尽量向后倾斜，半蹲，马步，重心向后压。重心一定要低，集体往后仰。简单一点来说就是将腹或者髋挺出前面，眼睛看天。前后队员间保持合适距离。

（3）排序。

从绳子末端到最前线，队员们按体重由重到轻依次（不要左右交错）排列。注意拉开距离以防踩踏。

（4）用力。

比赛前一定要把绳子拉到最直，如果绳子是弯的，后面的人的力就被中和了。所有人都要向正后方用力，否则一部分力会被自己人的力抵消，事倍功半。两手相隔的距离要视个人臂长而定，通常为20厘米。注意：习惯左手的选手左手在后，用力会更方便；帮忙喊号子的啦啦队要叫"1—2—1—2"，喊"1"时要稳住，喊"2"时要使劲拉，喊号子的节奏开始时可以较慢，然后逐渐加快。

（5）重心。

最后一个拉绳子的人一定要越胖越好，当然要有劲，他蹲得必须比较低（图7-2-3），这样不容易被人拉跑。前面的人把绳子尽量压低，因为如果前面高的话，往往后面的人因绳太高而用不上力。人的重心要在后面，就是脚在前，身子在后（图7-2-4）。不要用手的劲，要用身体的力量即"体重+腿力+臂力"来拉。

（6）鞋的要求。

沙滩拔河要穿脚底纹路明显的鞋，这样的鞋，鞋底摩擦力大，脚步移动时要用脚跟陷在沙坑中；沙滩拔河时也可以赤脚，这样可以增加摩擦力。

图7-2-3　比赛时重心要低　　　　图7-2-4　拔河时脚在前、身子在后

◎ **冲浪4：沙滩拔河我体验**

各小组选拔4名组员上台进行拔河比赛体验，参赛人员要将拔河比赛的技巧运用到比赛中（图7-2-5）。

图7-2-5　体验练习

【蓝色行动】

以日记的形式记录今天活动的感受，利用课余时间与爸爸妈妈一起进行亲子沙滩拔河活动，感受沙滩拔河的魅力。

【海星闪闪】

评价要点：掌握沙滩拔河的起源及技巧。

评价方法：通过学生评价与教师评价相结合的方式进行总结与评定与奖励。

根据各小组PPT展示及解说进行综合评定，由老师颁发"团队协作"奖章。

根据所搜集资料的完善程度及上课认真听讲情况进行奖励，由老师颁发"最佳表现"奖章。

案例二 海洋休闲体育——环岛自行车运动

◆ **灯塔指引** ◆

认识环岛自行车运动，领略海洋休闲运动魅力。

【目标导航】

1. 知道环岛自行车运动的名称和国内环岛自行车的相关赛事。

2. 初步学会骑自行车的基本动作。

3. 激发参与环岛自行车运动的热情，体验骑自行车领略海边风情的乐趣。

【海上冲浪】

◎ **冲浪1：环岛自行车运动知识广搜集**

课前通过上网搜索、采访、查阅图书等方式，四个小组分别从环岛自行车运动的起源、国内环岛自行车赛事、环岛赛荣誉衫介绍和海岛自行车休闲活动四个方面搜索有关的材料，并探讨各自的展示形式（图7-2-6）。

图7-2-6 合作交流

◎ **冲浪2：环岛自行车运动知识大展示**

各小组以预先讨论好的展示形式，将所查阅的环岛自行车运动的相关资料，在课堂上进行交流展示。

◎ **冲浪3：环岛自行车运动知识我梳理**

1. 环岛自行车运动的起源。

环岛自行车运动是以自行车为工具，环海岛进行比赛的体育运动。它起源于自行车比赛。最早的自行车比赛是1868年在法国圣克劳德公园内举行的。自行车运动在20世纪初传入中国。1959年我国自行设计并建成了第一座自行车赛车场——龙潭湖赛车场。从此，我国有了真正意义的场地自行车比赛，于2006年又举办了我国首届环海南岛国际公路自行车赛。

2. 国内环岛自行车赛事。

（1）环海南岛国际公路自行车赛（图7-2-7、图7-2-8）。

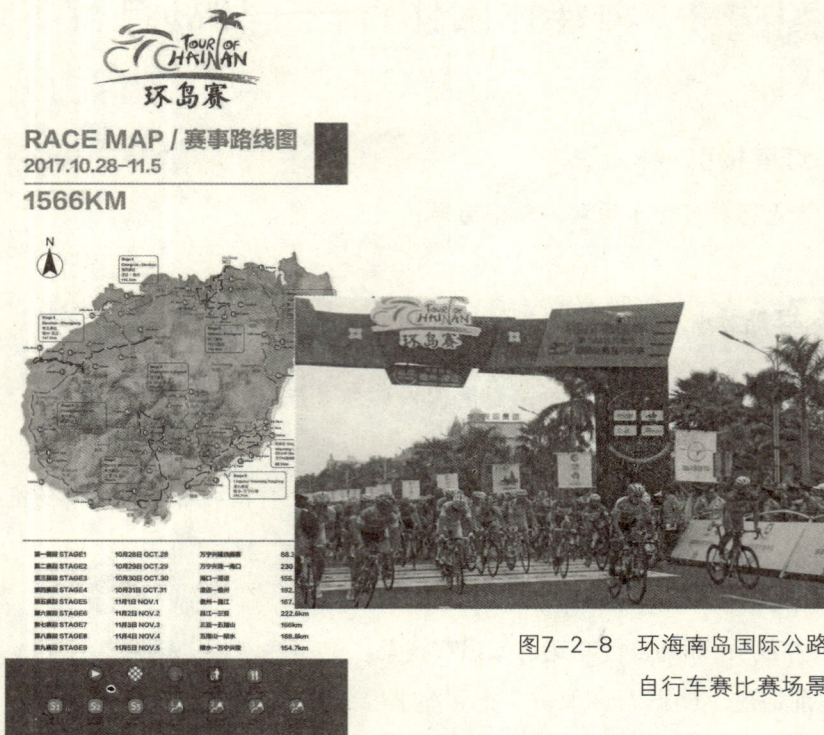

图7-2-8　环海南岛国际公路
自行车赛比赛场景

图7-2-7　环海南岛国际公路自行车赛路线图

环海南岛国际公路自行车赛创办于2006年，是大型国际品牌体育赛事，竞赛线路贯穿全海南岛18个市县，海南岛得天独厚的地理环境为自行车运动提供了世界少有的天然竞技场。

（2）环崇明岛国际自盟女子公路世界巡回赛（图7-2-9）。

图7-2-9　环崇明岛国际自盟女子公路世界巡回赛比赛路线及场景

环崇明岛国际自盟女子公路世界巡回赛从2003年至今已跨入第17个年头，已经成为生态崇明的一张国际名片。

（3）环浙江舟山群岛新区女子国际公路自行车赛（图7-2-10）。

图7-2-10　环浙江舟山群岛新区女子国际公路自行车赛比赛场景

环浙江舟山群岛新区女子国际公路自行车赛国际自盟注册等级2.2级，为亚洲顶尖的职业车赛，自2013年开始已举办了六届。

此外，还有大连长岛环岛自行车赛、广州大学城环岛自行车赛等赛事。

3.环岛赛荣誉衫介绍（图7-2-11）。

| 黄衫 | 绿衫 | 圆点衫 | 蓝衫 |

图7-2-11　环岛赛荣誉衫

黄衫：衫语是荣耀，代表个人总成绩第一。用时最短的选手将会获得黄衫的拥有权。黄衫象征着整个赛事中的最高荣誉。

绿衫：衫语是速度。自行车赛事中每一赛段都设有冲刺抢分点，位居抢分累积榜首位的选手可获得绿衫拥有权，这项殊荣也常被誉为"冲刺王"。

圆点衫：衫语是坚持。在环岛赛的比赛中，会有一部分山地赛段，在这些赛段爬坡积分点最高者将获得圆点衫拥有权，并被誉为"爬坡王"。

蓝衫：衫语是拼搏。在亚洲选手中，每个赛段比赛后，个人总成绩排第一的选手，将获得蓝衫拥有权。

4.环岛自行车休闲活动（图7-2-12）。

图7-2-12　休闲场景

好处：锻炼身体，愉悦身心，领略海洋风情，提高生活品质。

◎ 冲浪4：环岛自行车运动我感知

画一幅画展示环岛自行车活动的情景，并在班级里进行交流分享。

【蓝色行动】

周末在家人的陪同下学会骑自行车并与家人进行一次海边自行车休闲游。

【海星闪闪】

评价要点：对海岛自行车运动知识的掌握程度。

评价方法：通过学生评价与教师评价相结合的方式进行总结与评定与奖励。

根据各小组的展示进行综合评定，由老师颁发"团队协作"奖章。

根据小画家创作出的环岛自行车运动的作品，由老师颁发"最佳创意"奖章。

案例三　海上生存技能——救生设备

◆ 灯塔指引 ◆

学会救生设备的使用方法，提高避险防范能力。

【目标导航】

1.初步了解海上求生的定义和特点，了解海上求生中可能遇到的困难。

2. 知道海上求生的一般原则和海上求生所需要的设备，初步学会救生设备的使用方法。

3. 培养求生意识和顽强的求生意志，努力适应海上求生过程中新的合作环境。

【海上冲浪】

◎ **冲浪1：海上救生知识广搜集**

课前通过上网搜索、采访、查阅图书等方式，四个小组分别从海上求生的特点和环境、海上求生的一般原则、海上求生所需的救生设备、海上救生用具的使用方法四个方面进行资料搜集，并探讨各自的展示形式（图7-2-13）。

图7-2-13　小组讨论

◎ **冲浪2：海上救生设备大展示**

各小组采用PPT演示和讲解员解说的形式，将收集到的关于海上救生设备（图7-2-14、图7-2-15）的相关资料进行交流分享。

图7-2-14　救生圈

图7-2-15　救生艇

◎ **冲浪3：海上救生设备知识我梳理**

1. 海上求生的特点和环境。

（1）海上求生的定义：当发生海难决定弃船时，利用船上的救生设备，运用海上求生的知识和技能，克服海上的困难和危险，延长遇难船员生存时间，增加获救机会，直至脱险获救。

（2）海上求生中的主要困难。溺水：这是求生者首先遇到的困难。如果他不能及时获救，就有溺毙的危险。暴露：求生者的身体暴露在寒冷或酷热中。晕浪：它能造成求生者体内大量失水。缺乏饮水和食物：水比食物更重要。悲观和恐惧：这两种情绪容易使人失去求生的勇气。遇难者位置不明：因艇筏严重漂移等原因，救援者无法收到出事位置的信息。

2. 海上求生三要素。

海上求生三要素是指救生设备、求生知识和求生意志。三个要素在求生过程中缺一不可。在海上求生中意志的力量有时比身体更为重要。

（1）救生设备：救生艇、救生筏、救生衣、救生圈及其他救生设备。

（2）求生知识：救生设备的使用；紧急情况下应采取的措施；弃船后的行动和求生要领等。

（3）求生意志：意志力量有时比身体更重要。

3. 海上求生所需的救生设备。

总结在海上求生过程中所需要的救生设备（图7-2-16），通过总结体现出本节课的价值所在。

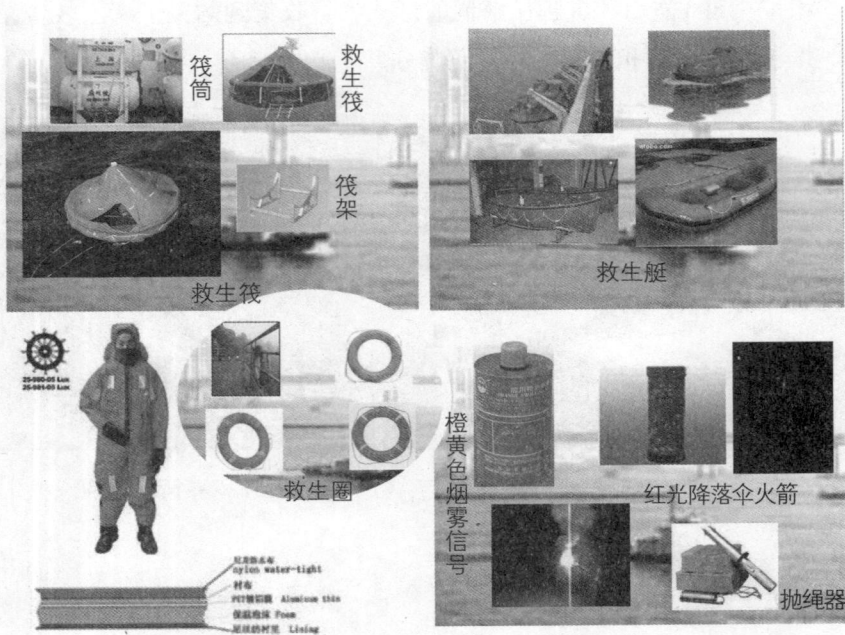

图7-2-16　海上救生设备

海上救生设备主要包括救生艇、救生筏、救生衣、救生电台以及海上防身武器和防鲨剂等。

4. 一般救生用具的使用方法。

救生艇：具有一定浮力、强度，能搭载一定人数，属具备品比较齐全的刚性小艇，是一种非常有效的脱险工具。当船舶遇险时，帮助船员、旅客脱离难船，便于在海上进行求生活动，保障船员、旅客的生命安全。

救生筏：可在短时间内，轻易投放到水面的救生工具。

救生圈：供落水人员在水中攀浮等待救助的救生工具。

救生服（浸水服）：一种能减少在冷水中穿着者体热散失的保护服。

抗暴露服：一种是供救生艇和海上撤离系统人员使用的保护服，由防水材料制成，可以保护除脸部和手部外的其他部位。

一起来梳理，针对海上救生，所需要的救生用具的种类以及使用原则。

◎ 冲浪4：课内拓展我体验

海上救生可能遇到各种救生安全卫生问题，在海上救生过程中，该如何既保护好自己，又能将落水人员安全救起呢（图7-2-17、图7-2-18）？

图7-2-17　海上救生

图7-2-18　释放烟雾信号求救

【蓝色行动】

在海上救生的过程中，遇到鲨鱼或是大风大浪的情况，应该如何应对？

【海星闪闪】

评价要点：对海上救生状况的熟悉程度，海上救生设备的使用掌握程度。

评价方法：通过学生评价与教师评价相结合的方式进行总结与评定与奖励。

根据各小组的展示及解说进行综合评定，由老师颁发"乐陶健体"奖章。

根据学生搜集的资料和汇报情况，由老师颁发"海上救生"奖章。

案例四 帆船运动——常用绳结

◆ 灯塔指引 ◆

体验绳结操作，提高应用能力。

【目标导航】

1. 知道8字结、平结、单套结、丁香结四种常用绳结的名称、功用以及绳缆的维护方法。

2. 通过讲解、现场操作以及比赛，初步学会四种常用绳结的操作方法。

3. 学会相互学习与合作，努力完成学习任务。

【海上冲浪】

用绳子打结是生活中常见的技能。人们几乎天天与绳结打交道：穿鞋要给鞋带打结；扎辫子时往往要扎上漂亮的蝴蝶结……那么，帆船上需要哪些绳结呢？以下是四种绳结的打法。

◎ 冲浪1：绳结打法广搜集

课前通过搜索网络、查阅图书、咨询等方式，五个小组分别对8字结、平结、单套结、丁香结的绳结打法以及绳缆的维护方法进行材料搜集，并探讨各自的展示形式。

◎ 冲浪2：绳结打法大展示

小组采用PPT演示的方式，以视频或现场讲解的方式展示每种绳结的打法与功用。

◎ 冲浪3：绳结打法我梳理

1. 8字结。

8字结可用于防止绳索脱离原来的位置，起到阻挡脱落的作用，一般用在缭绳的末端，特别是在绳索穿过滑轮之后的一端。8字结的打法如下（图7-2-19）。

图7-2-19　8字结的打法

2. 平结。

平结是一种最古老、最通俗和最实用的打法。它的特点就是越往两边拉，绳结就会越紧。所以，在绳索不需要解开的时候一般运用平结。平结的打法见图7-2-20。

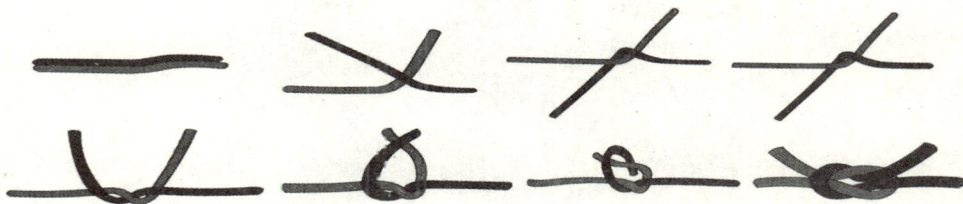

图7-2-20　平结的打法

3. 单套结。

单套结的特点是简单、迅速、牢固，熟练以后还可以用单手打成。单套结的打法见图7-2-21。

图7-2-21　单套结的打法

4. 丁香结。

丁香结的作用是将绳子的一端固定在牢固的地方。丁香结的打法见图7-2-22。

图7-2-22　丁香结的打法

5.绳缆的维护方法。

绳缆在使用过程中会浸湿、带泥、析盐或者沾染其他污物，回航后要用淡水清洗干净。

各种绳缆在不使用时要打捆，并挂放在指定位置；可以把较短的绳缆盘放在甲板上（图7-2-23）。

图7-2-23 绳缆的存放

要注意检查绳头，对破损的绳头要及时处理。用刀切去损坏部分，绳头端部用火焰烧熔，用结实的细绳将绳头绑扎好，绑扎的长度不要少于25毫米，再用结实的胶带包裹好。

◎ **冲浪4：课内拓展我体验**

小组代表展示四种常用绳结的打法，其他同学同时进行统一的学习与实践。

常用绳结打法大比拼：每个小组选出每种绳结打得最好的成员进行打绳结比赛。由老师提出某些情境，参赛成员根据功用选择相应的绳结，可在台下操作，以便熟练掌握四种绳结的打法。

思考：还有哪些绳结的打法？

【蓝色行动】

课后进一步巩固四种常用绳结的打法及维护绳缆的方法，教给父母与朋友，并与他们来一场比赛。

【海星闪闪】

评价要点：对常用绳结的功用、绳缆维护和打结方法的掌握程度。

评价方法：通过学生评价与教师评价相结合的方式进行总结与评定与奖励。

根据各小组PPT展示及示范解说进行综合评定，由老师颁发"团队协作"

奖章。

根据各小组比赛结果，由老师颁发"打绳结之星"奖章。

案例五 **帆船运动——美丽的奥帆中心**

◆ **灯塔指引** ◆

走进奥帆中心，激发家乡自豪感。

【目标导航】

1. 知道奥帆中心的帆船港、主防波堤、下水坡道、陆域停船区、奥运会火炬广场、灯塔的名称及外貌。

2. 通过模拟导游讲解、互动以及比赛的方法，能说出奥帆中心各个配套设施与区域的功用。

3. 乐于参加户外活动，通过实地考察发展户外运动能力。

【海上冲浪】

帆船比赛除了对自然条件有要求外，对场地、设施又有怎样的要求呢？今天，让我们一起走进奥帆中心（图7-2-24）。

图7-2-24 奥帆中心全景图

◎ **冲浪1：奥帆中心区域知识广搜集**

课前通过上网搜索、查阅图书及询问等方式，六个小组分别对奥帆中心的帆船港、主防波堤、下水坡道、陆域停船区、奥运会火炬广场、灯塔等区域进行材料准备，并探讨各自的展示形式。

◎ **冲浪2：奥帆中心区域知识大展示**

小组按各自的展示形式对帆船港、主防波堤、下水坡道、陆域停船区、奥运会火炬广场、灯塔进行介绍。

◎ **冲浪3：奥帆中心区域知识我梳理**

1. 帆船港。

奥运会帆船比赛首先需要一个帆船港（图7-2-25）作为大本营。为了2008年奥运会帆船赛在青岛的顺利举办，青岛市投资建设了奥帆中心。奥帆中心坐落于青岛市东部浮山湾畔，毗邻五四广场和东海路。这里依山面海，风景优美。2008年第29届奥运会和第13届残奥会的帆船比赛就是在这里举行的。

图7-2-25 帆船港

2. 主防波堤。

帆船港是停靠帆船和工作艇的区域。因此要求港池拥有能够阻挡海浪、保持港内水平相对平静的主防波堤，以免损坏船艇。主防波堤是奥帆中心港池安全的一个重要屏障，同时防波堤上的区域也是观看帆船赛的重要位置（图7-2-26）。

图7-2-26 主防波堤

3. 下水坡道。

在帆船比赛期间，有一部分帆船和工作艇停泊在港内，另一部分小型帆船需要在每天比赛结束后拉上岸，在陆域停船区停放。因此，帆船港内需要修建很多与水面相接的下水坡道（图7-2-27），以便拖运船只。

图7-2-27　下水坡道

4. 陆域停船区。

奥运会帆船赛的比赛船型以小帆船为主，在每天的比赛结束后，需要将帆船从水中拖运到陆地上放置（图7-2-28），所以在奥帆中心的场地上需要足够大的空地作为陆域停船区。

图7-2-28　陆域停船区

图7-2-29　奥运会火炬广场

5. 奥运会火炬广场。

奥运会帆船比赛期间，需要在奥帆中心举行单独的开幕式和闭幕式，所以奥帆中心需要有奥运会火炬广场（图7-2-29）和相应的功能区。

6. 奥帆中心灯塔。

奥帆中心灯塔（图7-2-30）的塔体整体呈乳白色，塔高20.08米，象征2008年奥运会。它是奥帆中心标志性景观，主要功能是为过往船只引航。

图7-2-30 奥帆中心灯塔

图7-2-31 奥帆中心灯塔旁彩旗飘飘

◎ **冲浪4：课内拓展我体验**

各小组成员在组长的带领下，分工合作，结合课前制作的课件，扮演小导游，对分管的区域进行介绍与描述。

【蓝色行动】

假期里，到奥帆中心去实地考察，检验自己所学的知识，并拍摄留念。也可以给奥帆中心画一幅美丽的全景图，加深印象，进一步巩固所学的知识。

【海星闪闪】

评价要点：对奥帆中心各区域功能的了解程度及描述是否清晰。

评价方法：通过学生评价与教师评价相结合的方式进行总结与评定与奖励。

根据各小组PPT展示及解说进行综合评定，由老师颁发"团队协作"奖章。

根据学生创作的作品，由老师颁发"最佳创意""最佳导游""最佳小画家"奖章。

三年级实用教程

案例一　沙滩体育运动——沙滩摔跤

◆ **灯塔指引** ◆

了解沙滩摔跤，提高运动欣赏能力。

【目标导航】

1.了解沙滩摔跤的起源。

2.掌握沙滩摔跤的基本规则及取胜技巧。

3.培养自信、勇敢的品质，乐于参加新的体育活动、体育游戏和比赛。

【海上冲浪】

◎ **冲浪1：沙滩摔跤知识大搜集**

课前通过上网搜索、采访、查阅图书等方式，三个小组分别搜索沙滩摔跤起源、沙滩摔跤的技巧、沙滩摔跤的竞赛类别的相关资料，并探讨各自的展示形式。

◎ **冲浪2：沙滩摔跤知识大展示**

各小组将所搜集的沙滩摔跤的相关资料，制作成PPT。小组讲解员详细讲解，进行交流分享（图7-3-1）。

图7-3-1　沙滩摔跤

◎ **冲浪3：沙滩摔跤知识我梳理**

1.沙滩摔跤的起源。

根据文字记载和传说，早在4 000年前的原始社会就有了摔跤活动。当时，人们为了求得生存，在与自然界进行的斗争中，在部落之间的冲突中，依靠自己的力量、技巧取得食物和进行自卫，从而产生了摔跤这项体育运动。

而在海岛则盛行沙滩摔跤或滩涂摔跤，有以下特殊原因：一是渔民出海前在沙滩候船，为打发时间，相互摔跤取乐；二是青年渔民性格豪爽，争强好胜，相互比体力以决胜负；三是沙滩或滩涂质软，摔跤倒地，也无伤害。

2.沙滩摔跤的技巧与规则。

（1）技巧口诀。

要想摔人先学挨摔（图7-3-2、图7-3-3）；

手是两扇门，全凭腿赢人；

宁输跤，不输把；

站如熊，卧如虎；

走对了步，赢跤；

取胜在变脸；

头是一把手；

顺人之势，借人之力；

一力降十会；

以巧破千斤。

图7-3-2　摔跤基本姿势

图7-3-3　摔跤技巧之借人之力

（2）规则。

在沙滩上画一个半径2米的圆，两名运动员在圈内摔跤比赛，以倒地（臀部或背部触地为准）或被逐出圆圈为输。

3. 沙滩摔跤的级别。

男子分为65千克、70千克、80千克、85千克和90千克以上等级（图7-3-4）。

女子分为50千克、60千克和70千克以上等级（图7-3-5）。

图7-3-4　男子摔跤比赛现场

图7-3-5　女子摔跤比赛现场

◎ 冲浪4：沙滩摔跤我体验

两人一组在老师的指导下，在体操垫上体验摔跤练习，并进行交流分享。

【蓝色行动】

以日记的形式记录今天活动的感受，并利用课余时间与家长一起进行亲子沙滩摔跤活动，感受沙滩摔跤的快乐。

【海星闪闪】

评价要点：对摔跤历史及技能的掌握程度。

评价方法：通过学生评价与教师评价相结合的方式进行总结与评定与奖励。

根据各小组PPT展示及解说进行综合评定，由老师颁发"团队协作"奖章。

根据搜集资料情况及参与活动情况，由老师颁发"最佳表现"奖章。

案例二　海洋休闲体育——攀岩运动

◆ 灯塔指引 ◆

了解攀岩运动，提高欣赏能力。

【目标导航】

1. 了解攀岩运动的种类，知道攀岩运动的方法。

2. 初步掌握攀岩运动的基本技术与攀岩装备的使用。

3. 在有一定难度的攀岩运动中不怕苦累，坚持完成任务。

【海上冲浪】

◎ 冲浪1：攀岩运动形式广搜集

课前通过上网搜索、查阅图书、班级拓展实践等方式，四个小组分别以介绍、分析、视频、采访四种方式进行有关攀岩运动资料的搜集与整理，并探讨各自的展示形式。

◎ **冲浪2：攀岩运动魅力大展示**

各小组以特定的展示形式，将所查阅的攀岩运动相关资料，在课堂上进行交流展示（图7-3-6）。

1. 介绍组。

通过查阅资料，介绍攀岩运动方法与相关赛事等。

2. 分析组。

分析攀岩运动的特点，认识攀岩运动的健身价值。

图7-3-6 合作交流

3. 视频组。

播放并观看攀岩运动比赛视频，对攀岩运动有一个直观的认识。

4. 采访组。

通过实地参观攀岩俱乐部，对攀岩爱好者及运动员进行采访，与其他组员交流采访内容。

◎ **冲浪3：攀岩运动技术我梳理**

1. 什么是攀岩运动？

攀岩运动属于登山运动，攀登对象主要是岩石峭壁或人造岩墙，由此可分为室外攀岩和室内攀岩（图7-3-7）。攀登时不用工具，仅靠手脚和身体的平衡向上

图7-3-7 室外攀岩

运动，手和手臂要根据支点的不同，采用各种用力方法，如抓、握、挂、抠、撑、推、压等。攀岩时要系上安全带和保护绳，配备绳索等以免发生危险。

2. 攀岩装备大盘点（图7-3-8）。

攀岩装备主要有两种用途：一是用来保证此项运动的安全，二是为了让攀登者的表现更加出色。前者包括主绳、安全带、铁锁、保护器、扁带、岩石塞等。后者则主要有攀岩鞋、镁粉袋等。

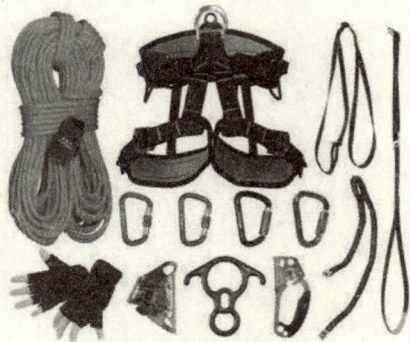

图7-3-8　攀岩装备

3. 攀岩技术有哪些？

抓：用手抓住岩石的凸起部分。

抠：用手抠住岩石的棱角、缝隙和边缘。

拉：在抓住前上方牢固支点的前提下，小臂贴于岩壁，抠住岩石缝隙或其他地形，以手臂和小臂使身体向上或向左右移动。

推：利用侧面、下面的岩体或物体，以手臂的力量使身体移动。

张：将手伸进缝隙里，并抓住，以之为支点，移动身体。

蹬：用前脚掌内侧或脚趾的蹬力把身体支撑起来，减轻上肢的负担。

跨：利用自身的柔韧性，避开难点，以寻求有利的支撑点。

挂：用脚尖或脚跟挂住岩石，维持身体平衡使之移动。

踏：利用脚前部下踏较大的支点，减轻上肢的负担，移动身体。

4. 攀岩运动中的防护技术。

安全是攀岩运动中不可忽视的问题，它直接关系到攀登者的安全，安全防护技术会影响攀岩者运动水平的发挥以及比赛的成绩。

顶绳攀登防护技术的关键点：无论发生什么情况都不能松开防护绳。

先锋攀登自我防护的关键点：挂锁时机要合理。

◎ **冲浪4：课内拓展我体验**

进行攀岩装备的穿戴，在地面模仿攀岩动作，学习攀岩技巧和方法，并分享实践心得，以便课后进行了解和学习，激发对攀岩运动的兴趣，为今后进行真正的攀岩练习奠定基础（图7-3-9、图7-3-10）。

图7-3-9 迎难而上

图7-3-10 勇攀高峰

【蓝色行动】

利用课余时间，在家长的带领下，尝试一两次在海边、陆地或室内攀岩运动，录制微视频，推送至学校微信平台，分享运动快乐。（达到什么目标，能够做到什么？在什么条件下能做到什么事情？）

【海星闪闪】

评价要点：对攀岩运动的种类及基本技术的掌握程度。

评价方法：通过学生评价及教师评价相结合的方式进行总结与评定与奖励。

根据各小组PPT展示及解说进行综合评定，由老师颁发"团队协作"奖章。

根据搜集资料情况及参与活动情况，由老师颁发"最终表现"奖章。

案例三 海上生存技能——海上求生

◆ **灯塔指引** ◆

探究海上求生方法，增强安全意识和防范能力。

【目标导航】

1.初步了解海上自我和他人的各种求生方法，体会方法中的重点。

2. 能够了解海上求生的基本要素，怀着自我保护、关爱他人的思想参与海上求生学习，体验海上求生的重要性。

3. 拓展了解其他海上求生的方法，培养自主自爱、自主创作的意识。

【海上冲浪】

◎ 冲浪1：海上求生方法广搜集

课前通过上网搜索、采访专家、查阅图书等方式，四个小组分别搜索海上求生的方法，并在小组内进行交流和分享。

◎ 冲浪2：海上求生知识大展示

四个小组分别针对不同的海上险情进行求生展示，在展示过程中各小组可以安排一位解说员，把海上求生目的及对生命的敬畏和关怀体现出来。

相互交流所学知识，探索海上求生的方法，如海上遇到危险生物的自救、食物及水的搜索、求救设备的使用以及如何运用国际救援组织的"SOS"救援标志等（图7-3-11）。

图7-3-11 海上求生的方法

选择其中的一种方法，共同学习海上求生的方法和要点，主要体现出海上求生基本要素，包括求生意志、求生知识和救生设备的科学使用等。

◎ 冲浪3：海上求生知识我梳理

（1）总结在逃生过程中存在的最简单、普遍的逃生方法，强调海上求生的重要性（图7-3-12）。

（2）遇到鲨鱼时怎样进行求生？

（3）求救电话及救生设备如何使用？

（4）漂泊在大海上时充分利用周围环境进行求生。

（5）对潮汐现象的认识。

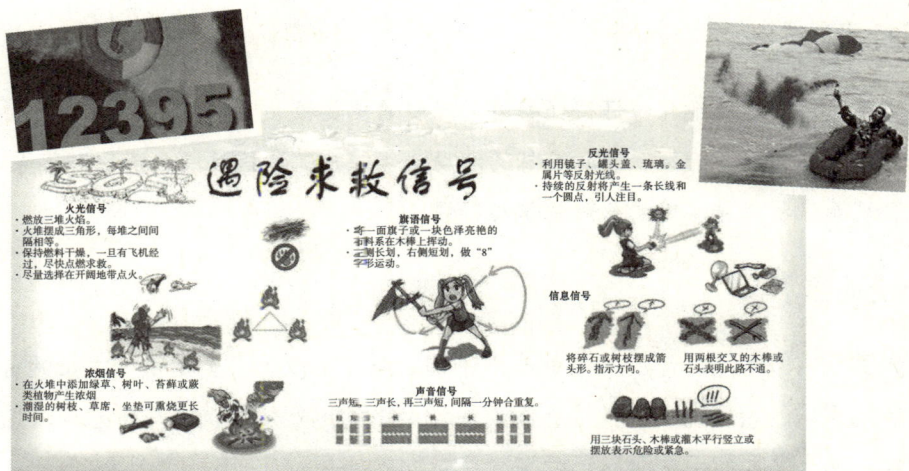

图7-3-12　遇险求救信号

◎ **冲浪4：课内拓展我体验**

通过对本节课的学习，互相交流分享其他海上求生的方法。

【蓝色行动】

对本节课搜集的资料进行提炼整理，通过所学知识做公益宣传小使者。

【海星闪闪】

评价要点：对海上求生知识的掌握程度。

评价方法：通过师生评价和生生评价相结合的方式进行总结和评定与奖励。

根据组内搜索资料及分享求生知识的科学性，由老师授予"海上求生专家"称号。

案例四　帆船运动——保护海洋环境

◆ 灯塔指引 ◆

了解海洋环境，树立保护海兰环境的意识。

【目标导航】

1. 了解海洋环境现状，懂得保护海洋环境的重要性。
2. 乐于参与保护海洋、爱护自然的活动，能够自觉捡拾垃圾、清理浒苔等。
3. 培养保护海洋环境的良好意识与习惯。

【海上冲浪】

人类自古以来与海洋的关系就非常密切。海洋不仅为人类提供了大量的资源，还是休闲娱乐的重要场所。然而，随着海洋经济的迅猛发展，海洋生态环境遭到严重破坏。那么，如何保护海洋环境呢？

◎ **冲浪1：海洋环境知识广搜集**

通过上网搜索、采访专家、查阅图书等方式搜索与整理海洋环境的有关资料。

◎ **冲浪2：海洋环境知识大展示**

在小组内展示所搜集的相关资料，进一步了解海洋环境现状、海洋污染对人类的危害以及保护海洋环境的重要性（图7-3-13）。

图7-3-13　合作交流

◎ **冲浪3：海洋环境知识我梳理**

总结保护海洋环境的重要性，培养从小爱护海洋、保护环境的意识，不破坏生态平衡，保护海域中的海洋生物。

海洋给人类的生活、生产带来诸多益处，但越来越频繁的大开发对海洋造成了伤害。不仅如此，人类一直把海洋视为倾倒垃圾和废物的无底洞，对海洋环境造成极大的破坏。其实，海洋本身是很脆弱的，自净能力有限。近年来，越来越多的迹象表明海洋已无力再承受持续的污染，我们要保护海洋。

说一说，通过学习，应该怎样积极行动起来，做一些力所能及的保护海洋环境的事（图7-3-14～19）。

图7-3-14　海洋水质遭受污染　　图7-3-15　海洋垃圾被生物误食　　图7-3-16　海洋中的垃圾

图7-3-17　白色污染，
　　　　　无处不在

图7-3-18　保护海洋环境
　　　　　从我做起

图7-3-19　漂到海边的垃圾

◎ 冲浪4：课内拓展我体验

把本课内容讲给更多的人听，号召大家一起来保护海洋。

画一画心中最美丽的大海。

【蓝色行动】

近年来，每到夏天，青岛海域就会爆发浒苔灾害。查阅资料，了解控制浒苔的方法，记录下来，并加以宣传（图7-3-20）。

图7-3-20　浒苔

【海星闪闪】

评价要点：对保护海洋环境知识的掌握程度。

评价方法：通过小组间互动交流和师生间评价等方式来进行总结与评定与奖励。

认真倾听、讨论和总结，争夺"保护自然，爱护海洋，海洋小卫士"奖章。

案例五　帆船运动——青岛帆船赛事

◆ **灯塔指引** ◆

了解青岛帆船赛事，培养家乡自豪感。

【目标导航】

1. 初步了解青岛帆船赛事，能够说出沃尔沃环球帆船赛、克利伯环球帆船赛和国际极限帆船系列赛的名称。

2. 能够说出自己喜欢的帆船赛事并简单介绍。

3. 具有参与帆船运动的意识。

【海上冲浪】

◎ **冲浪1：帆船赛事广搜集**

通过上网搜索、采访专家、查阅图书等方式收集在青岛举行过的各级帆船赛事资料（图7-3-21）。

◎ **冲浪2：帆船赛事大展示**

各小组以PPT演示和讲解员解说的形式，将收集到的帆船赛事有关资料进行交流分享。

图7-3-21　扬帆起航

教师讲解帆船赛事的组织、准备工作以及比赛规则，并播放一个帆船比赛的片段。

学生自由观看帆船比赛，并交流感想。

请参与过"帆船运动进校园"活动的同学，讲一讲参与帆船活动的感受和体会（图7-3-22）。

◎ **冲浪3：帆船赛事我梳理**

和老师一起梳理在青岛举办过的比较有名的帆船赛事。

1. 沃尔沃环球帆船赛。

沃尔沃环球帆船赛（图7-3-23）是目前全世界影响力最大的专业帆船赛之一，该赛事创立于1973年，当时名为"怀特布莱德环航挑战赛"。现在该赛事已无可争议地成为世界最高级别的环球帆船赛，被誉为"航海界的珠穆朗玛峰"。该赛事每四年举行一次，如今已成为国际航海界最重要的远洋帆船赛之一。

2. 克利伯环球帆船赛。

克利伯环球帆船赛（图7-3-24）是世界上最具影响力的航海赛事之一，也是世界上规模最大的业余环球航海赛事。该赛事于1996年首次举行，其初衷是让更多的人参与到环球航海冒险活动中来。因此，在历届克利伯环球帆船比赛中，除船长为职业帆船运动员外，其余船员均为自费参赛的业余帆船爱好者。

3. 国际极限帆船系列赛。

图7-3-22　合作交流

图7-3-23　沃尔沃环球帆船赛现场

图7-3-24　克利伯环球帆船赛现场

国际极限帆船系列赛（图7-3-25）诞生于2005年，以较快的时速和较佳的观赏性轰动帆船界，随即被纳入2005～2006年沃尔沃环球帆船赛港内赛，并伴随沃尔沃环球帆船赛进行了首次巡回赛。国际极限帆船系列赛，虽然创办时间很短，但已经发展成为世界五大帆船赛之一，极限40帆船性能超高，属于双体船，制作材料选用世界上最先进的超轻型碳纤维，只需微风，极限40帆船就可以驰骋在水面上，甚至飞上空中。由于操作难度较大，国际极限帆船系列赛几乎集中了世界上最优秀的帆船选手，他们当中既有奥运奖牌得主，又有美洲杯帆船赛冠军，以及众多世锦赛冠军和参加过环球帆船赛的选手（图7-3-26）。

图7-3-25　国际极限帆船赛

图7-3-26　帆船参赛选手

◎ **冲浪4：课内拓展我体验**

说出沃尔沃环球帆船赛、克利伯环球帆船赛和国际极限帆船系列赛各自的特点。

【蓝色行动】

搜集沃尔沃环球帆船赛、克利伯环球帆船赛和国际极限帆船系列赛相关站点的城市简介和比赛情况。

【海星闪闪】

评价要点：对帆船赛事的了解程度。

评价方法：通过学生评价与教师评价相结合等方式进行总结与评定与奖励。

通过小组间互动交流和师生间评价等方式来总结本节课所学的知识，并进行评价。

根据讨论所总结出的青岛环球帆船赛事和各种帆船赛事的特点，争夺"帆船知识小达人"奖章。

四年级实用教程

案例一　沙滩体育运动——沙滩放风筝

◆ **灯塔指引** ◆

了解沙滩放风筝步骤，养成文明的休闲方式。

【目标导航】

1. 了解放风筝的起源。

2. 初步掌握放风筝的步骤和方法并学会制作风筝。

3. 培养自主创新能力，在活动中乐于交流与合作。

【海上冲浪】

◎ **冲浪1：沙滩放风筝知识广搜集**

课前通过上网搜索、采访专家、查阅图书等方式，五个小组分别搜索与整理风筝的起源、简史、制作方法、发展以及比赛类型等有关资料，并探讨各自的展示形式。

◎ **冲浪2：沙滩放风筝知识大展示**

各小组将收集到的关于沙滩放风筝的资料制作成PPT或手抄报（图7-4-1、图7-4-2）。小组讲解员逐一讲解，进行交流分享。

图7-4-1　"风筝文化"手抄报

图7-4-2　"放风筝"手抄报

◎ 冲浪3：沙滩放风筝知识我梳理

1. 放风筝的起源。

放风筝也叫放鸢，是中国民间广为盛行的一项传统体育运动，是汉族及部分少数民族传统的娱乐风俗。放风筝历史悠久，至今已有2 000余年的历史。相传春秋时期，著名的建筑工匠鲁班曾制木鸢飞上天空。后来，以纸代木，被称为"纸鸢"。

海滩场面开阔、海风习习，非常利于放风筝。海边的渔民也有放风筝的习俗。渔民放风筝是把晦气放向远方海面，以保海岛渔民的平安。因此，沙滩放风筝历来是海边人的爱好和滩上竞技项目之一。每到清明、立夏、中秋、重阳，就会形成"滩头众人牵线，空中满眼鸢飞"的壮丽场面。放风筝比赛以放飞时间长且完美无损落地者为胜。

2. 放风筝的步骤及方法。

在风力适当的时候，放风筝可以不必请人帮忙，自己拿风筝的提线，逆风向前边跑边看，直到感觉风劲够，再停下来慢慢放线。

当风力不足时，快速向后收线，给予人工加风，如感觉风筝线有拉力时就要把握时机放线；若风筝有下降的趋势，需迅速收回一部分风筝线，直到风筝能在天空中挺住不坠。

当风力突然转强，风筝摇摆而倾斜度过大时可有两种控制方法：一是迅速放线；二是迅速往风筝方向奔跑数步，可缓和其势。当风力停顿、风筝向下坠落时，可将风筝轻抖数下或迅速向后奔跑，如果后退无路，则可用迅速收线的方法处理。

如遇两只风筝线纠缠在一起，不要惊慌，立刻与纠缠者靠近，互相交换调整使线松开。

收回风筝时，要慢慢收线，收线要尽量远离有高大树木的地方，以免风筝坠落时挂在树上。

3. 风筝的类型（图7-4-3）。

① 巨型类；② 龙类；③ 软体类；④ 板式串类；⑤ 翅式串类；⑥ 翅类；⑦ 板类；⑧ 立体类。

4. 材料。

所用材料通常包括纸、细棍子、胶黏剂等。

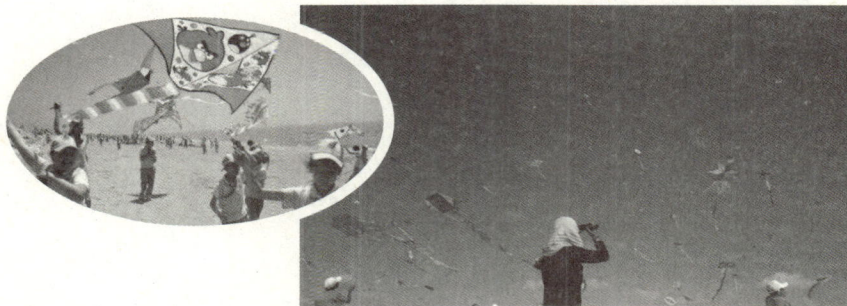

图7-4-3　不同类型的风筝

5. 方法和步骤。

第一步：准备好做风筝的物品，把细棍子搭建成一个风筝的轮廓。

第二步：为风筝贴封面。

第三步：为风筝制作三条尾巴，视试飞情况决定是否添加。

第四步：为风筝绑线和试飞，线最好用结实一点的，飞高了好收回来。绑线的位置可能会影响风筝的起飞，所以要注意调整（图7-4-4、图7-4-5）。

图7-4-4　试飞软体风筝

图7-4-5　试飞巨型风筝

◎ **冲浪4：风筝制作我体验**

各小组根据教师的讲解，在组长的带领下动手制作风筝。小组内进行分工，发挥各小组的创意（图7-4-6、图7-4-7）。

图7-4-6　安装提线

图7-4-7　装饰风筝面

【蓝色行动】

以日记的形式记录今天活动的感受，利用课余时间与家长一起进行亲子放风筝活动，感受放风筝的快乐。

【海星闪闪】

评价要点：掌握风筝的制作方法及沙滩放风筝的技巧。

评价方法：采用学生评价与教师评价相结合的方式进行总结与评定与奖励。

根据各小组PPT展示及解说进行综合评定，由老师颁发"团队协作"奖章。

根据学生创作的作品，由老师颁发"最佳创意奖"奖章。

案例二 海洋休闲体育——青岛国际沙滩节

> ◆ 灯塔指引 ◆
>
> 了解青岛国际沙滩节，感受沙滩运动乐趣。

【目标导航】

1. 了解青岛国际沙滩节举办时间、地点及相关的运动项目。

2. 尝试体验青岛国际沙滩节中的体育运动并加以练习。

3. 感受青岛国际沙滩节为青岛所带来的影响，培养热爱运动、终生运动的好习惯。

【海上冲浪】

◎ 冲浪1：沙滩节知识广搜集

课前通过上网搜索、采访专家、查阅图书等方式，三个小组分别以介绍、视频、采访三种方式，搜索与整理青岛国际沙滩节的有关信息，并探讨各自的展示形式（图7-4-8）。

图7-4-8 沙滩节标题沙雕

◎ **冲浪2：沙滩节资料大展示**

各小组以特定的展示形式，将所查阅的沙滩节相关资料在课堂上进行交流展示（图7-4-9）。

（1）介绍组通过查阅资料，介绍青岛国际沙滩节中所包含的项目以及每年举办的时间和地点。

（2）视频组展示搜集到的历年来青岛国际沙滩节的精彩视频。

图7-4-9 合作交流

（3）采访组通过采访身边的同学、家长、老师，了解青岛国际沙滩节在大家心中的地位及受欢迎程度。

◎ **冲浪3：沙滩节知识我梳理**

1. 什么是青岛国际沙滩节？

青岛国际沙滩节是具有鲜明的、青岛特色的海洋文体活动，是青岛海洋文化闪亮的名片（图7-4-10）。丰富多彩的沙滩文体活动，给青岛市民留下了很多美好的回忆。

图7-4-10 青岛国际沙滩节

2. 历届青岛国际沙滩节活动（图7-4-11）。

历届青岛国际沙滩节活动包括"青岛沙滩文化杯"沙滩排球邀请赛、"青岛柔道杯"沙滩柔道公开赛、"青岛民俗体协杯"沙滩毽球邀请赛、"青岛民俗体协杯"沙滩花毽邀请赛、"青岛冬泳杯"沙滩冬泳邀请赛、"青岛民俗体协杯"沙滩空竹邀请赛、"青岛沙滩文化杯"沙滩水上拔河邀请赛及"栈桥冬泳协会杯"沙滩大海跳水表演等。

图7-4-11　青岛国际沙滩节活动盛况

3. 沙滩节重头戏。

自青岛国际沙滩节举行以来，"青岛沙滩文化杯"沙排邀请赛作为重头戏每年都会举行，从首届举办至今，沙滩排球赛逐渐形成规模（图7-4-12、图7-4-13）。

图7-4-12　竞技沙滩排球赛

图7-4-13　大众沙滩排球赛

◎ **冲浪4：课内拓展我体验**

（1）通过调查问卷，了解身边的老师和同学对青岛国际沙滩节运动知识的掌握情况。

（2）小组之间选择一项运动项目进行一个小节目的编排，并进行表演展示。

（3）各小组相互讨论并选择代表发言，讲述青岛其他与沙滩运动有关的特色活动（例如青岛市黄岛区金沙滩运动会）。

【蓝色行动】

（1）各小组在休息日进行沙滩运动会有关项目的练习。

（2）利用课余时间，在家长的带领下，录制微视频，推送至学校微信平台，分享运动的快乐。

【海星闪闪】

评价要点：学生问卷成绩。90分以上为"知识达人"，60分以上为"学识扎实"，60分以下为"再接再厉"。

评价方法：各小组依照标准答案相互批阅，并展示优秀试卷。

根据各小组的总成绩进行综合评定，由老师颁发"优秀团队"奖章。

根据得分，获得成绩最高的个人，由老师颁发"青岛民俗小状元"荣誉证书。

案例三　海上生存技能——海上逃生

◆ **灯塔指引** ◆

　　了解海上逃生技能，提高避险应变能力。

【目标导航】

1. 了解海上逃生的各种生存技能。

2. 初步掌握海上灾难的特点，师生一起进行有针对性的海上逃生演练。

3. 通过拓展练习掌握海上逃生方法，培养坚持完成有一定困难活动的能力，在体育课中乐于交流与合作。

【海上冲浪】

◎ **冲浪1：海上逃生知识广搜集**

课前通过上网搜集、查阅航海笔记等方法搜索、整理各种海洋灾难以及海上逃生的有关资料，并着重了解海难的特征和海上逃生的知识。

◎ **冲浪2：海上逃生知识大展示**

以某一个海难为素材（教师可自选，如"泰坦尼克"号大海难），引导学生进行海上逃生演练。

体验在逃生过程中的情感变化及轮船起火时怎样进行科学的、有秩序的逃生。

◎ **冲浪3：海上逃生知识我梳理**

1. 以两船相撞起火为例。

第一步：听从指挥，必要时弃船。向上风向撤离，用湿毛巾捂住口鼻（弯腰、迅速撤离），火势太大时，逃生者要关闭房门，不让火势蔓延。

第二步：迅速撤离碰撞区以免受挤压，就近拉住固定物，防止摔倒。

第三步：使用漂浮工具，迅速穿好救生衣或拿好救生圈等，按照紧急疏散图的方向进行逃离。

第四步：船内人员利用内梯道、外梯道、旋梯等逃生（图7-4-14），船外人员利用船尾通往上甲板的出入口逃生。

图7-4-14 利用梯道逃生

2. 如需弃船，跳水须知。

多年来人们一直认为弃船后丧生的主要原因是由于溺水或饥饿，但历年来的事例证实，弃船后使逃生者丧生的主要原因是身体暴露在寒冷的水中，特别是落于低温水中，即落水者所遇到的最大危险是通常所说的"过冷现象"。

第一步：弃船入水时，应根据天气穿保暖防水的衣服，尽量将头、颈、手、脚等暴露在外的部位保护好，将袖口、袖管口、腰带等扎紧。

第二步：尽量找水位低的位置跳水，从船的上风口跳下，如果船左、右倾斜则应从船首或船尾跳下，避开水上的漂浮物（图7-4-15）。

第三步：入水后，双脚并拢，双腿屈到胸前，两肘紧贴身旁，交叉放在救生衣上，使头颈露出水面，下沉前深吸一口气，往下沉时要保持镇静，紧闭嘴唇，咬紧牙齿憋住气。

图7-4-15 避开漂浮物入水

第四步：如从救生绳索上下水，要利用双臂，交替地紧握绳索向下移动，不可手抓绳索滑下，以免失控和擦破手上的皮肉。

第五步：入水后应尽快登上艇筏，尽量减少在水里浸泡的时间（图7-4-16）。

第六步：如果几个人在一起，可以挽起胳膊，身体挤靠在一起保持体温；如果在海上漂浮时间较长，可以食用海藻充饥。

图7-4-16　弃船逃生

总结在逃生过程中最简单、最常见的逃生方法，体现本节课的价值。提炼出哪些逃生方法更为重要和实用，感受海上逃生的重要性，通过技能的学习懂得生命的宝贵。

◎ **冲浪4：课内拓展我体验**

分四个小组，以交流和编排简单的话剧或角色扮演等方式回顾本节课所学内容。

【蓝色行动】

课后搜集溺水救护基本方法与小伙伴们一起分享。通过小组的体验表演和"电影教你海上逃生"环节的视频播放等学习更多海上逃生的方法，为下一阶段的学习做准备，培养临危不惧的坚强意志。

【海星闪闪】

评价要点：会辨识海上逃生方向，采取科学合理的逃生方法。

评价方法：采用学生评价及教师评价相结合的方式进行总结和评定与奖励。

计算个人和组内获得的海洋生物粘贴的数量，最多的小组荣获"最佳逃生"奖章。

案例四　帆船运动——帆船运动进校园

◆ **灯塔指引** ◆

帆船运动进校园，感受帆船运动魅力。

【目标导航】

1. 了解青岛市"帆船运动进校园"活动的开展情况。

2. 感受帆船活动和比赛乐趣,激发参与帆船运动的兴趣。

3. 了解青岛的帆船赛事。

【海上冲浪】

◎ 冲浪1:"帆船运动进校园"活动资料广搜集

课前通过上网搜索、查阅图书及采访专家等方式,三个小组分别从帆船校园教学、帆船校园赛事搜索、青岛市"帆船运动进校园"活动三个方面搜集有关材料,并探讨各自的展示形式。

◎ 冲浪2:"帆船运动进校园"活动资料大展示

各小组采用PPT演示、视频播放、讲解员解说等形式,将收集到的"帆船运动进校园"活动资料进行分享,并通过观看比赛,学习"帆船运动进校园"比赛的有关知识(图7-4-17～19)。

图7-4-17　青岛市中小学生帆船赛校园里的帆船课

图7-4-18　青岛奥帆中心千帆竞发　　　图7-4-19　青岛国际青少年帆船训练营

◎ **冲浪3：帆船赛事知识我梳理**

1. 国际知名帆船赛事。

（1）沃尔沃环球帆船赛。

（2）克利伯环球帆船赛。

（3）国际极限帆船系列赛。

2. 国内主要帆船赛事。

（1）"中国杯"帆船赛。

（2）"青岛市长杯"国际帆船拉力赛。

（3）"青岛新年杯"帆船赛。

3. 青岛国际帆船周（图7-4-20）。

图7-4-20 青岛国际帆船周盛况

◎ **冲浪4：课内拓展我体验**

以"如果我是一名帆船运动员"为题，通过片段的形式写写对帆船运动的认识，并与其他同学进行交流分享。

【蓝色行动】

回顾青岛市"国际帆船周"有哪些丰富多彩的活动，有条件的话，可以选择

"国际帆船周"其中的一项赛事活动参加体验。

【海星闪闪】

评价要点：帆船进校园、帆船赛事等一系列知识的搜集能力；对帆船进校园知识的掌握情况。

评价方法：通过学生评价与教师评价相结合的方式进行总结与评定与奖励。

对"帆船进校园活动"大展示环节表现最佳的小组，由老师颁发"帆船知识家"奖章。

案例五　帆船运动——了解OP级帆船

◆ **灯塔指引** ◆

了解OP级帆船，丰富帆船运动知识。

【目标导航】

1. 了解OP级帆船及其特点。

2. 基本掌握OP级帆船的主要器材、主要部件及其作用。

3. 通过小组合作组装帆船模型，培养团队合作并胜任的能力。

【海上冲浪】

◎ 冲浪1：OP级帆船知识广搜集

课前通过上网搜索、查阅图书及采访专家等方式，各小组分别搜索与整理什么是OP级帆船、OP级帆船主要部件及其作用等资料，在小组内交流分享并探讨展示形式。

◎ 冲浪2：OP级帆船知识大展示

各小组采用PPT演示、视频播放、讲解员解说等形式，将收集到的关于OP级帆船的相关资料进行分享（图7-4-21、图7-4-22）。

图7-4-21　OP级帆船模型

图7-4-22　各小组互助分享

◎ **冲浪3：OP级帆船知识我梳理**

1. OP级帆船的起源与发展。

OP级帆船英文名叫Optimist，1947年由知名设计师Clark Mills先生设计，是一种小型单人操作的帆船。其最初设计目的就是为孩子们学习帆船之用，之后经过各呗船厂商的不断修改和完善，发展成今天的样子。OP级帆船不是指某一船型，而是泛指这一类型尺寸的船（图7-4-23）。

图7-4-24为OP级帆船的各部位名称，从图上可以看到OP级帆船是一条单桅杆只有一面主帆的稳向板型单体帆船。OP船的操控非常容易，学习内容主要是航线的选择以及如何利用风来行驶到目的地。OP级帆船虽然构造很简单，但如果操作不慎，非常容易翻船。

图7-4-23　OP级帆船

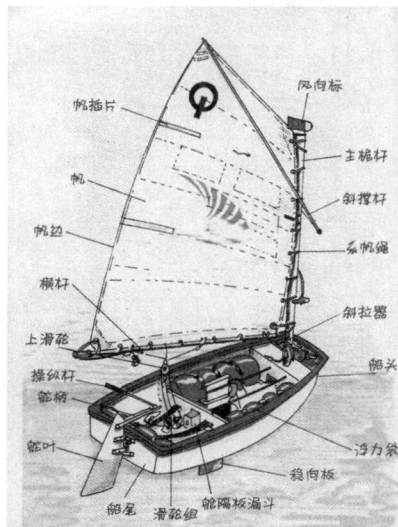

图7-4-24　OP级帆船结构示意图

2.OP级帆船主要部件的作用。

舵和舵柄：舵控制帆船的航行方向，主舵柄和副舵柄控制舵进行转向。

桅杆：连接船体与帆，同时支撑帆并固定帆前缘。

稳向板：保持帆船平稳，减小帆船的横移程度。

充气袋：帆船倾覆后助浮船体，避免下沉。

压弦袋：帮助运动员在大风天或强阵风来临时平衡船体。

主缭绳：用于操纵帆。

斜撑杆：用于将帆升起并调整帆。

帆插片：用于保持帆的形状。

风向标：用于指示风向。

◎ **冲浪4：课内拓展我体验**

观看视频，团队一起折一艘OP级帆船，标出各个部件的名称并给它命名"××"号，比一比哪个团队的船只更宏伟、稳健。

【蓝色行动】

如果可能，参加一个帆船夏令营，比如市南区暑期帆船夏令营。

【海星闪闪】

评价要点：能够说出OP级帆船的主要部件及其作用；团队协作、分享能力。

评价方法：通过学生评价与教师评价相结合的方式进行总结与评定与奖励。

在展示和组装帆船模型环节表现最佳的小组，获得"海上OP级帆船小健将"奖章！

五年级实用教程

案例一　沙滩体育运动——沙滩木球运动

◆ **灯塔指引** ◆

认识沙滩木球运动，感受运动乐趣。

【目标导航】

1. 了解沙滩木球运动的起源。

2. 初步掌握沙滩木球运动的基本技术和比赛规则。

3. 培养自主学习、合作学习和探究学习的能力。

【海上冲浪】

◎ **冲浪1：沙滩木球运动知识广搜集**

课前通过上网搜集、采访专家、查阅图书等方式，四个小组分别从分沙滩木球运动起源、沙滩木球运动历史文化、标准沙滩木球运动场地（图7-5-1）的规格、全套木球器材（图7-5-2）的种类四个方面搜索有关资料，并探讨各自的展示形式。

图7-5-1　沙滩木球运动场址

图7-5-2　沙滩木球运动器材

◎ 冲浪2：沙滩木球运动知识大展示

各小组展示收集到的沙滩木球运动的有关资料，制作成PPT，小组讲解员逐一讲解，进行分享。

◎ 冲浪3：沙滩木球运动知识我梳理

1. 木球运动的起源。

木球这项运动起源于我国台湾，创始人是翁明辉。从1990年开始，翁明辉经过两年的精心设计和反复修改、试验，直至1992年5月将球具和球道完成。由于木球运动适合各年龄段的人参与，很快风靡台湾。目前，世界上已有21个国家和地区成立了木球协会，木球运动在东南亚一带尤其盛行。奥地利、意大利、匈牙利、英国、加拿大、美国等国也有了不少木球爱好者，亚洲木球总会也已获得亚奥理事会的承认。2002年，沙滩木球运动开始兴起。

2. 沙滩木球运动的基本技术。

沙滩木球运动的基本技术是练习者通过球杆击打木球，使球沿着预定的路线向前滚动并达到目标地点的技术动作，包括握杆、准备姿势、瞄准和引杆、挥杆击球四个部分。初学者的技术动作要领如下。

（1）握杆。

左手在上，右手在下（均以右手习惯的人为例），四指并拢，拇指分开，自然握杆上端。要使右手小指侧紧贴左手拇指、食指，握杆力争自然、协调。

（2）准备姿势。

两脚开立同肩宽，两膝微屈脚站稳，重心稳定稍偏右，上体微前倾莫弯腰。

人与球之间成直角，要求"左臂与杆成一线，全身放松是关键"。

（3）瞄准和引杆。

杆头、球心与目标（球门中心的木酒杯），瞄准时三点成一线。"握好杆站好位，集中精力为挥杆"，要求"抗干扰求平静，精力集中不漂浮，瞄准预摆（引杆）不碰球"。

（4）挥杆击球。

在准备姿势和瞄准的基础上，"两臂握杆在体前，以肩为轴似钟摆，预摆杆不过肩。眼睛直视球中央，腰腿千万莫起伏。预摆结束下挥杆，保持肩臂轻松力，原路挥杆走椭圆，重心平行向左移"。要求击球之前不转体，匀速、果断地把球击出，击球之后随之转体，目送木球，挺胸，同时两臂举杆做随挥动作。

3. 沙滩木球比赛规则。

通过对沙滩木球的比赛（图7-5-3、图7-5-4）规则和比赛制度的介绍，学生初步了解如何通过小组合作取得最后的胜利。

图7-5-3　沙滩木球比赛现场一

图7-5-4　沙滩木球比赛现场二

◎ **冲浪4：课内拓展我体验**

将所了解的沙滩木球运动的有关知识，制作成小报或者思维导图，通过精彩的语言对作品进行描述，分享知识的果实。

【蓝色行动】

以日记的形式记录今天活动的感受，利用课余时间与父母一起进行沙滩木球游戏，感受其中的乐趣。

【海星闪闪】

评价要点：对沙滩木球运动的基本技术和比赛规则的掌握程度。

评价方法：通过学生评价与教师评价相结合的方式进行总结与评定与奖励。

根据各小组PPT展示及解说进行综合评定，由老师颁发"团队协作"奖章。

根据学生创作的作品，由老师颁发"最佳创意奖"。

案例二　海洋休闲体育——海上运动

◆ **灯塔指引** ◆

　　掌握海上运动方法，提高海洋文化素养。

【目标导航】

　　1. 了解海上活动项目的名称及其休闲健身价值，如潜水、帆船、帆板等。

　　2. 基本掌握海上运动项目的技术要领。

　　3. 了解并学会一些海上安全的预防及应对方法，在海上运动项目中表现出自信和克服困难的勇气。

【海上冲浪】

　　◎ **冲浪1：海上运动知识广搜集**

　　通过上网搜集、采访专家、查阅图书等方式，四个小组分别搜索并整理帆船运动、冲浪运动、帆板运动、滑水运动等海上运动的特点，并探讨各自的展示形式。

　　◎ **冲浪2：海上运动知识大展示**

　　各小组采用PPT演示和讲解员解说的形式，将收集到的关于海上运动的相关资料进行交流、分享（图7-5-5）。

图7-5-5　组内探究交流

　　◎ **冲浪3：海上运动知识我梳理**

　　1. 帆船运动。

　　（1）运动简介：帆船是水上运动项目之一。帆船比赛是运动员驾驶帆船在规定的场地内比赛速度的一项运动。帆船运动中，运动员依靠作用于船帆上的自然风力，驾驶船只前进，是一项集竞技、娱乐、观赏、探险于一体的体育运动项目。

　　（2）竞赛规则：奥林匹克梯形航线有两种绕标方式，即外绕和内绕。外绕的竞

赛航线顺序是：起航—1—2—3—2—3—终点；内绕的竞赛航线顺序是：起航—1—4—1—2—3—终点。帆船比赛根据比赛时的气象、水文情况来确定赛场的大小。不同级别的比赛用时不同，一般在45～90分钟之间。帆船比赛主要有两种形式，一种为集体出发的"船队比赛"，另一种为两条船之间一对一的"对抗赛"。奥运会帆船比赛都是采用"船队比赛"的方式。

2. 冲浪运动（图7-5-6）。

（1）运动简介：冲浪运动是一项相当惊险的运动。它是运动员站立在冲浪板上或利用腹板、跪板、充气的橡皮垫、划艇、皮艇等驾驭海浪的一项水上运动。

图7-5-6　海上冲浪

（2）冲浪板及运动方法：冲浪板长1.5～2.7米、宽约60厘米、厚7～10厘米，板轻而平，前后两端稍窄小，后下方有一个起稳定作用的尾鳍。为了增加摩擦力，在板面上还涂有一层蜡质的外膜。全部冲浪板的重量只有11～26千克。

冲浪运动是运动员先俯卧或跪在冲浪板上，用手划到适宜的地方做起点。当海浪推动冲浪板滑动时，运动员使冲浪板保持在浪峰的前面站起身体，两腿前后自然开立（通常是平衡腿在前，控制腿在后），两膝微屈，随波逐浪，快速滑行。

（3）运动技巧：千万不可把冲浪板放在身体前面，防止海浪撞击冲浪板而打到自己的身上。放置时要轻放，风很大时摆在沙地上要用沙子盖在冲浪板上，或者绑好安全脚绳，此时身体要站在顺风方向的前缘，以免被冲浪板打伤。

3. 帆板运动。

（1）运动简介：帆板运动是介于帆船和冲浪之间的新兴水上运动帆板项目，帆板由带有稳向板的板体、有万向节的桅杆、帆和帆杆组成。运动员利用吹到帆上的自然风力，站到板上，通过帆杆操纵帆使帆板产生速度在水面上行驶，靠改变帆的受风中心和板体的重心位置在水上转向。

（2）竞赛规则：帆板竞赛共进行11轮（49人级16轮），前10轮（49人级前15轮）选其中最好的9轮（49人级14轮）成绩来计算每条帆板的名次。每一轮名次的得分为：第一名得1分，第二名得2分，第三名得3分，以此类推。前10名的船进入决赛。每条帆板在每一轮比赛中的名次得分相加，就是该船的总成绩。总成绩得分越少者名次越靠前。

4.滑水运动（图7-5-7）。

（1）运动简介：滑水运动是人借助动力的牵引，在水面上"行走"的水上运动。根据滑水者使用水橇的情况，滑水大致可以分成花样、回旋、跳跃、尾波、跪板、竞速等项目。

图7-5-7 滑水比赛

（2）滑水赛事：世界性重大滑水赛事有世界滑水锦标赛、世界杯滑水赛，另外还定期举行单项世界锦标赛（如赤脚滑世界锦标赛、尾波世界锦标赛等）。在亚太地区举行的重要滑水比赛有亚澳区滑水锦标赛、亚洲滑水锦标赛。

（3）分类：尾波滑水、传统三项（花样、回旋、跳跃）、花样滑水、回旋滑水、跳跃滑水、艺术滑水。

（4）滑水装备：牵引器材、滑水板、保暖服、救生衣、滑水拖绳、拉把等。

◎ 冲浪4：课内拓展我体验

（1）进行海上运动知识测查，考查学生对海上知识的掌握程度。

（2）小组之间选择一项海上运动编排一个小节目，进行展示。

（3）各小组之间相互讨论并选择代表进行发言，讲述其中一项运动的国际赛事。

【蓝色行动】

以手抄报的形式记录今天实践活动的感受，利用课余时间与家长一起到青岛周边海域进行帆船、帆板的亲子体验并拍摄照片素材，在学校平台上宣传。

【海星闪闪】

评价要点：对海上运动知识的掌握程度。

评价方法：通过学生评价与教师评价相结合的方式进行总结与评定与奖励。

根据各小组PPT展示及解说进行综合评定，由老师颁发"团队协作"奖章。

根据学生的作品展示，由老师颁发"最佳展示奖"奖章。

案例三　海上生存技能——溺水救护

◆ **灯塔指引** ◆

了解溺水救护技能，增强安全意识和防范能力。

【目标导航】

1.初步了解海上遇险时的不同特点及简单的自护自救方法。

2.了解常见的海上溺水特点，掌握不同情况下有针对性的溺水救护。

3.通过拓展练习掌握更多的海上溺水救护的方法，培养克服困难的意志品质。

【海上冲浪】

◎ **冲浪1：溺水救护知识广搜集**

通过PPT或视频的方式简单介绍几种普遍存在的溺水情况，如不在规定地方游泳、小腿痉挛（抽筋）、意外溺水等导入本课。

课前通过上网搜索、查阅图书、询问专家等方式，四个小组分别搜集并整理溺水自我救护、溺水救护他人、海上可能遇到的紧急情况、海水浴场容易出现的溺水状况等资料，并探讨各自的分享形式。

◎ **冲浪2：溺水救护知识大展示**

四个小组分别按所搜集的内容通过视频、解说、PPT或模型展示等形式进行分享，教师进行总结和提炼。

◎ **冲浪3：溺水救护知识我梳理**

1.自救（图7-5-8）。

（1）镇定第一，落水后应保持镇定。胡乱举手挣扎反而使身体下沉、呛水而淹溺。

（2）仰泳露鼻，可采取头向后仰、面部向上的仰泳法，使口鼻露出水面进行呼吸。

（3）深吸浅呼，吸气要深，呼气要浅。

（4）缓解"抽筋"，若肌肉痉挛（抽筋），用手握住痉挛肢体的远端，反复做屈伸运动，类似于"水母漂"动作。

（5）保存体力，会游泳者在落水自救的过程中，应注意任何求生机会并保存体力。

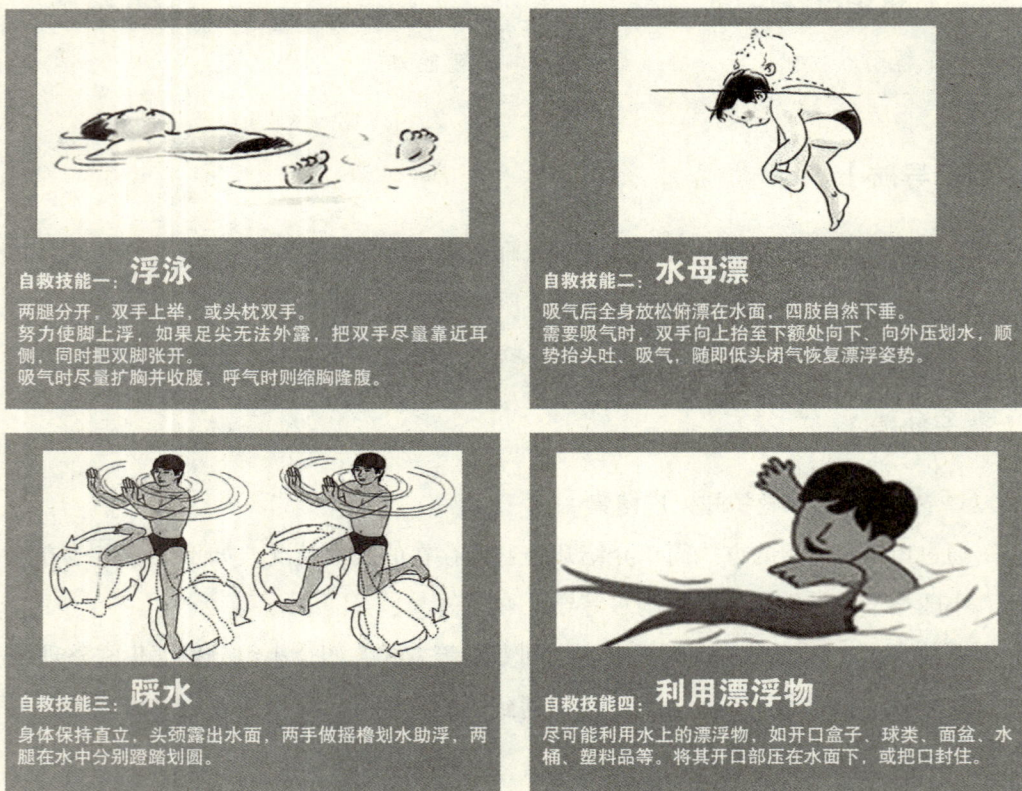

自救技能一：浮泳
两腿分开，双手上举，或头枕双手。
努力使脚上浮，如果足尖无法外露，把双手尽量靠近耳侧，同时把双脚张开。
吸气时尽量扩胸并收腹，呼气时则缩胸隆腹。

自救技能二：水母漂
吸气后全身放松俯漂在水面，四肢自然下垂。
需要吸气时，双手向上抬至下额处向下、向外压划水，顺势抬头吐、吸气，随即低头闭气恢复漂浮姿势。

自救技能三：踩水
身体保持直立，头颈露出水面，两手做摇橹划水助浮，两腿在水中分别蹬踏划圆。

自救技能四：利用漂浮物
尽可能利用水上的漂浮物，如开口盒子、球类、面盆、水桶、塑料品等，将其开口部压在水面下，或把口封住。

图7-5-8　自救技能方法

2. 救他人（图7-5-9）。

（1）巧用绳竿。发现溺水者后，可充分利用现场器材（如绳、竿、木板、救生圈等）救人。

（2）背后托举。下水救人时，应绕到溺水者的背后或潜入水下，用手从其左腋下绕过胸部，然后握其右手，以仰泳姿势将其拖向岸边，也可以在其背后抓住腋窝拖带上岸。

（3）防止抓抱。下水救人时，不要从正面接近，防止被溺水者抓抱。若被抱住，应放手自沉，溺水者便会放开。

（4）谨慎下水。施救者若不熟悉水性或不了解现场水情，不应轻易下水，应呼救或报警。未成年人不宜下水救人。

（5）测试呼吸。在救上人员时检查被救者是否还有呼吸，若有呼吸迅速利用控水的方式进行救助，若呼吸心跳停止，立即启动急救模式。

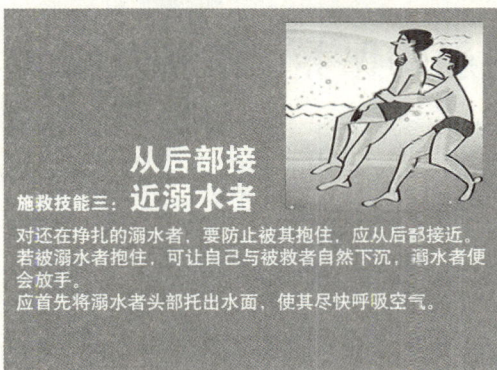

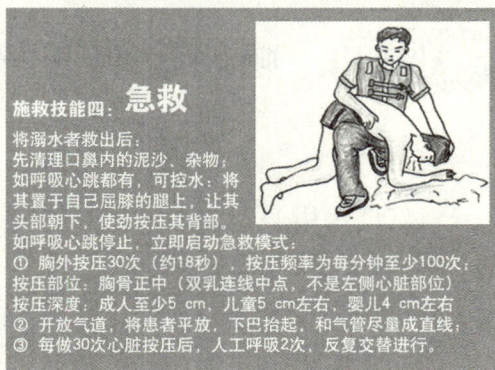

施救技能一：大声呼救，拨打"120"

首先立刻大声呼救，让更多的人参与急救，同时拨打"120"。除非万不得已，最好避免单独下水营救。

施救技能二：寻找漂浮物和拉扯物

在溺水者还清醒时为其提供漂浮物和拉扯物，如木板、绳子、树枝等。

施救技能三：从后部接近溺水者

对还在挣扎的溺水者，要防止被其抱住，应从后部接近。若被溺水者抱住，可让自己与被救者自然下沉，溺水者便会放手。
应首先将溺水者头部托出水面，使其尽快呼吸空气。

施救技能四：急救

将溺水者救出后：
先清理口鼻内的泥沙、杂物，如呼吸心跳都有，可控水；将其置于自己屈膝的腿上，让其头部朝下，使劲按压其背部。
如呼吸心跳停止，立即启动急救模式：
① 胸外按压30次（约18秒），按压频率为每分钟至少100次；按压部位：胸骨正中（双乳连线中点，不是左侧心脏部位）按压深度：成人至少5 cm，儿童5 cm左右，婴儿4 cm左右
② 开放气道，将患者平放，下巴抬起，和气管尽量成直线。
③ 每做30次心脏按压后，人工呼吸2次，反复交替进行。

图7-5-9　施救技能方法

◎ **冲浪4：课内拓展我体验**

对溺水救护技能进行单项比武，如寻求帮助法、伏膝倒水法、人工呼吸法、胸外按压法，感受溺水救护技能的重要性，学习和掌握这种技能，根据各种游泳姿势以及救护动作等进行室内操的编排，跟随音乐并回顾和加深本节课所学内容（图7-5-10）。

图7-5-10　各种救护方式

【蓝色行动】

利用课余时间，向家人讲解并演示溺水救护的各种动作。

【海星闪闪】

评价要点：对溺水救护知识及方法的掌握程度进行评价。

评价方法：通过学生评价与师生评价相结合的方式进行评定与奖励。

根据组内学习及实践情况，由老师颁发获得"最佳救护队"奖章。

案例四　帆船运动——帆船的保养、维护及组装

◆ 灯塔指引 ◆

了解帆船保养、维护及组装的知识，提高动手实践能力。

【目标导航】

1. 了解帆船日常护理的方法以及维护帆船所需要的基本物品。

2. 掌握帆船基本的组装方法。

3. 通过小组合作的方式组装帆船模型，培养乐意融入团队活动并胜任自己任务的能力。

【海上冲浪】

◎ 冲浪1：帆船养护知识广搜集

帆船就如汽车一样，需要定期的维护和保养。由于帆船是大多数人航海的最主要装备，所以其保养非常重要。此外，要学习正确的船只维护知识，以保证每次出航前帆船处于正常的工作状态。为了避免出现问题，任何船只的损伤都需要被及时发现并处理。

课前小组通过网络搜集、查阅图书等方式，搜索并整理帆船的保养及维护的方法、所需物品、帆船如何组装等资料，运用思维导图或小组展演等方式展示探讨结果。

◎ 冲浪2：帆船养护知识大展示

以小组为单位，在班内展示帆船上岸后的冲洗和存放方法。

小组内相互交流帆船日常护理的方法。

1. 船体的维护与保养。

作为船只的主干，船体需要正确的维护与保养。但保养的方法取决于船只的制作材料。当把船只移上岸时，一定要专心修理哪怕只是很次要的问题。先用一两层防污的喷漆来防止水下的污垢。素具的各部分都要保持良好状态，这样才能保证航海的有效性和安全性。对桅杆、固定索具、活动索具和风帆的彻底检查十分重要，这样可以知道各部分是否有裂痕或是磨损撕破的地方。

2. 帆的维护与保养。

定时观察风帆的损坏至关重要。除了因为它们对船只非常重要以外，它们的造价也很昂贵。为了避免更多更严重的伤害，请在每次升降以及整修风帆的时候检查它们。

3. 船只内部的维护与保养。

帆船的内部会遭受到不同原因的破坏，比如温度的改变。所以定时观察并维护以防止船舱条件恶化是很有必要的。

木头是船只内部的最主要材料。木质表面需要用清漆来保护。

◎ 冲浪3：帆船组装知识我梳理

帆船基本组装方法如下。

1. OP级帆船装配指导。

在装配帆船之前一定要让船艏顶风。在桅杆和帆没有连接之前不要安装斜撑杆（图7-5-11）。在主缭绳的末端一定要打一个绳结（图7-5-12）。

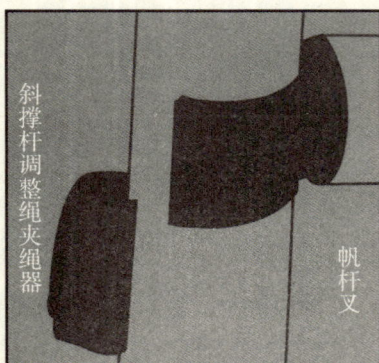

图7-5-11　帆杆与桅杆相连

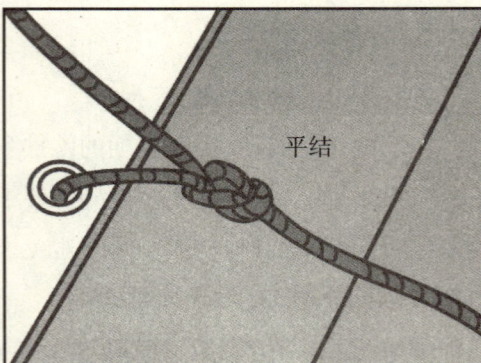

图7-5-12　用平结系紧

帆的组装要考虑到风力的大小。

2. OP级帆船的组装。

OP级帆船的组装主要包括帆的组装、船体的组装以及缭绳的安装。

（1）帆的组装：帆的组装就是通过绳结将帆与桅杆按要求连接在一起（图7-5-13、图7-5-14）。

（2）船体的组装以及缭绳的安装：调整绳在穿过端口孔之后，接着穿过后角帆孔，然后返回，再从端口孔穿过，到达阻挡结一侧，引导调整绳沿着帆杆的右舷边向前，然后穿过V形夹绳器，将调整绳按下，固定在夹绳器上，在调整绳末端打一个绳结（图7-5-15）。

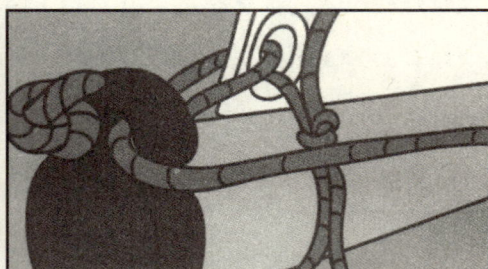

图7-5-13　上帆角
　　　　　的打结方法

图7-5-14　前帆
　　　　　角的打结方法

图7-5-15　后帆角的打结方法

3. 固定桅杆。

系桅杆安全绳。用来系桅杆安全绳的欧姆环位于桅杆前面的船横版上（图7-5-16）。把安全绳的两端从桅杆的两侧绕到桅杆斜拉器的夹绳器上，以平结固定（图7-5-17）。

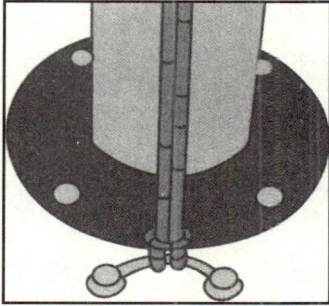

图7-5-16 欧姆环

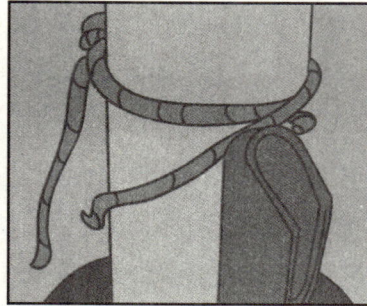

图7-5-17 固定安全绳

4. 组装斜拉器。

将斜拉器与帆杆前端的扣用单套结连接起来（图7-5-18）。把斜拉器绳从靠近船横板处桅杆上的夹绳器下面向上面穿过来（图7-5-19）。

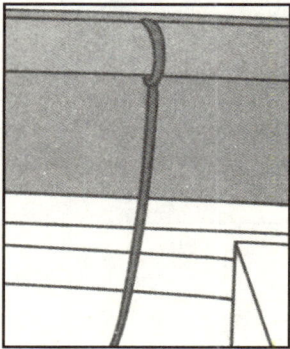

图7-5-18 连接斜拉器

图7-5-19 固定斜拉器

5. 组装斜撑杆调整索具。

把斜撑杆调整绳一端打成单套结，单套结上要留一个小圈，能够挂住斜撑竿的一端，把斜撑杆调整绳的另一端穿过固定在桅杆中部的小滑轮（图7-5-20）。

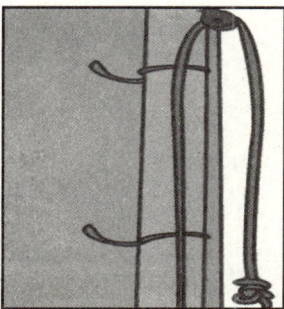

图7-5-20 斜撑杆调整绳

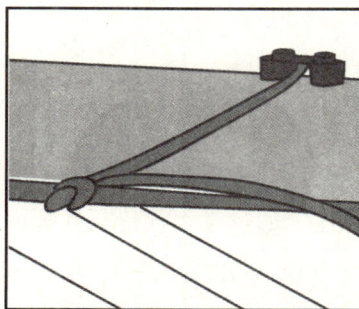

图7-5-21 安装主缭三角绳

6. 安装主缭三角绳。

在帆杆上方有两组帆杆栓，把主缭三角绳的两端分别穿过帆杆栓，绕帆杆之后打成单套结（图7-5-21）。

7. 组装主缭绳。

把主缭绳的一端穿过滑轮的绳环，打成8字结；把主缭绳的另一端向下穿过船舱里前面的滑轮；之后主料绳再次向下穿过船舱里的主滑轮，最后在主料绳末端打一个8字结（图7-5-22）。

8. 安装舵。

将舵安装到船尾处的舵座上（图7-5-23）。

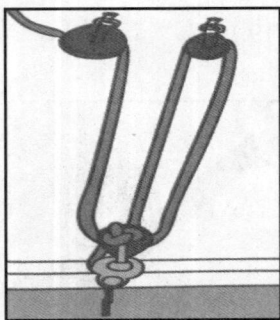

图7-5-22　组装主缭绳

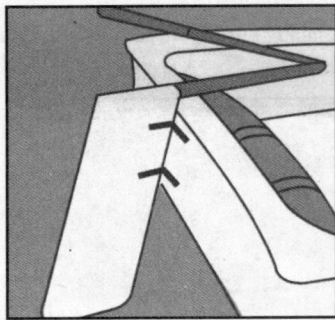

图7-5-23　舵的安装

◎ 冲浪4：课内拓展我体验

现场的组装和护理展示：各小组安排两到三位护理员，把小组内所掌握的帆船保养、维护及组装方法，通过现场展演的形式进行展示。

【蓝色行动】

通过手抄报、录像或一段文字等形式记录自己的学习情况，向家人讲解帆船的保养、维护及组装方法。

【海星闪闪】

评价要点：能够掌握OP级帆船的组装步骤；具有团队协作、分享的能力。

评价方法：通过学生评价与教师评价相结合的方式进行总结与评定与奖励。

能够完整说出OP级帆船的制作步骤并自行制作简易OP级帆船模型的同学，获得"能手制造章"。

案例五 帆船运动——帆船的驾驶技术及 比赛规则

【目标导航】

1. 初步了解帆船的驾驶技术和比赛规则。

2. 掌握利用风向操作帆船船伍的要领，能根据规则观赏帆船比赛。

3. 培养在团队活动中较好地履行职责的能力，增强责任感。

【海上冲浪】

◎ **冲浪1：帆船的驾驶技术和比赛规则广搜集**

课前通过上网搜索、查阅图书及询问专家等方式，查阅帆船驾驶的基本技术和规则，并以图片、文字、表演、视频等方式展现。

◎ **冲浪2：帆船的驾驶技术和比赛规则大展示**

青岛是帆船之都，了解帆船的驾驶技术和简单的比赛规则，与其他同学进行分享。

1. 驾驶帆船的技术。

（1）观察主帆和前帆的前缘。如果前缘开始抖动，你有两个选择：拉紧控帆索直到它们停止抖动，或者驶离风向。风帆抖动意味着在当时的航行条件下，船体与风向的倾角过小了。如果船体稍稍驶离风向，帆就不会抖动了（图7-5-24）。

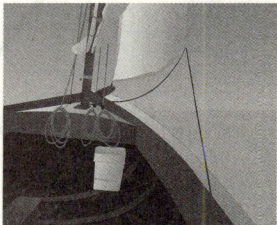

图7-5-24 观察主帆和前帆的前缘

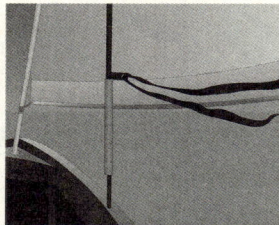

图7-5-25 观察风向指示器

（2）观察风向指示器。航行的时候，如果风从更靠近正后方的方向吹来，你会浪费不少体力。放松控帆索直到风帆和风垂直。你需要时不时地观察风帆、风向指示器并调帆，因为风向变化很快（图7-5-25）。

（3）横风行驶。将航向稍稍贴近风向使得航向与风向成60°~75°。你需要把控帆索拉得更紧一些，这样风帆就更贴近船身。这就叫作横风行驶。此时，风是拉着而不是推着帆船前进的（图7-5-26）。

图7-5-26　横风行驶

图7-5-27　迎风行驶

（4）迎风行驶。继续减小航向与风向之间的夹角，同时拉紧控帆索直到拉不动为止（前帆无论如何都不能碰到桅杆上的横支杆），这叫作迎风行驶，是船体与风向最近的航行方式（45°~60°）。在风大的情况下，这样的航行方式会带来无穷的乐趣！（图7-5-27）

（5）进港停泊（图7-5-28）。

图7-5-28　进港停泊

2. 帆船比赛的基本规则：帆船比赛避让规则。

（1）相对舷风：左让右（图7-5-29、图7-5-30）。

（一）相对舷风

■ 船只在相对舷风行驶时，左舷风船应避让右舷风船。

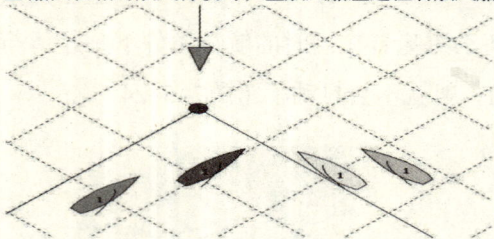

图7-5-29　相对舷风时的帆船航线示意图

左舷受风的帆船应该改变航向

右舷受风的帆船可以保持航向速度不变

WIND

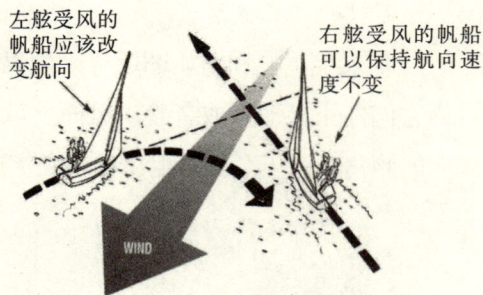

图7-5-30　帆船行驶方向示意图

船只在相对舷风行驶时，左舷风船应避让右舷风船。

（2）同舷风、相连：上风让下风（图7-5-31）。

船只位于同舷风并行相连行驶时，上风船应避让下风船。

（3）同舷风、不相连：后让前（图7-5-32）。

当船处于同舷风未相连时，明显在后的船只应避让明显在前的船只。

（4）迎风换舷时：图7-5-29 ~ 32不适用。

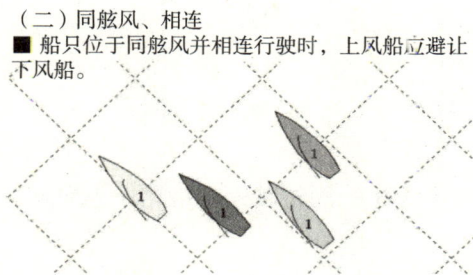

（二）同舷风、相连
■ 船只位于同舷风并相连行驶时，上风船应避让下风船。

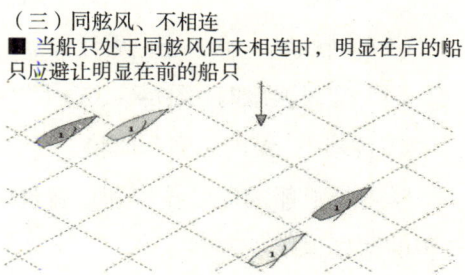

（三）同舷风、不相连
■ 当船只处于同舷风但未相连时，明显在后的船只应避让明显在前的船只

图7-5-31　同舷风、相连时的帆船航线示意图　　图7-5-32　同舷风、不相连时的帆船航线示意图

在一条船越过正顶风后，它应避让其他船只直至行驶在近迎风航线上（图7-5-33）。

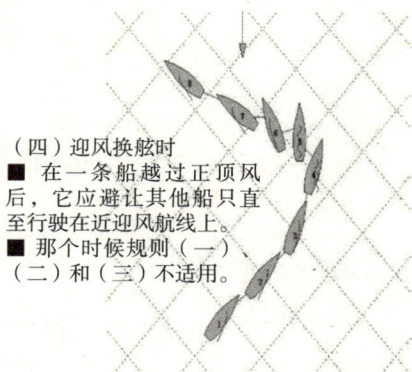

（四）迎风换舷时
■ 在一条船越过正顶风后，它应避让其他船只直至行驶在近迎风航线上。
■ 那个时候规则（一）、（二）和（三）不适用。

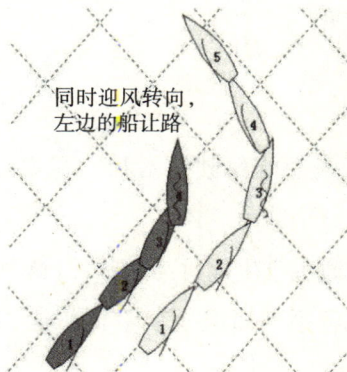

同时迎风转向，左边的船让路

如果两条船同时受本规则管制，在另一条船的左舷或在后的船应避让。

图7-5-33　　　　　　　　　图7-5-34

◎ 冲浪3：帆船的驾驶技术和比赛规则我梳理

今天我们学习了帆船驾驶中的基本技术，了解了比赛中的避让规则，希望大家有机会能亲自驾驶帆船，在大海中畅游。

1.驾驶帆船的技术。

（1）观察主帆和前帆的前缘。

（2）观察风向指示器。

（3）前侧行驶。

（4）近风行驶。

（5）进港停泊。

2.帆船比赛的基本规则：帆船比赛避让规则。

（1）相对船舷风：左让右。

（2）同舷风、相连：上风让下风。

（3）同舷风、不相连：后让前。

（4）迎风换舷时：图7-5-33、图7-5-34不适用。

◎ **冲浪4：课内拓展我体验**

学习了帆船的驾驶技术和比赛规则后，做一份小的测试题，来检测一下对帆船知识的掌握程度。

【蓝色行动】

结合所学知识观看一次帆船比赛，向家人讲解如何驾驶帆船，有机会带家人到现场体验不同帆船的操控技能，并将搜集的资料制成PPT或者板报，与自己的家人、朋友进行分享。

【海星闪闪】

评价要点：帆船的驾驶技术和比赛规则的搜集能力，合作展示与自我表达能力，知识整理及分享能力。

评价方法：通过学生评价与教师评价相结合的方式进行总结与评定与奖励。

对青岛奥帆赛系列知识分享环节表现"最丰富"的小组，由老师颁发"扬帆起航"奖章。

六年级实用教程

案例一 沙滩体育运动——沙滩卡巴迪

◆ **灯塔指引** ◆

了解沙滩卡巴迪，感受沙滩游戏的乐趣。

【目标导航】

1. 了解沙滩卡巴迪的起源。

2. 初步掌握沙滩卡巴迪的比赛规则和比赛技巧。

3. 在团队体育活动中能较好地履行自己的职责。

【海上冲浪】

◎ **冲浪1：沙滩卡巴迪知识广搜集**

课前通过上网搜集、采访专家、查阅图书等方式，各小组分别搜索并整理沙滩卡巴迪的起源、比赛规则、比赛技巧、场地的规格等有关资料（图7-6-1、图7-6-2），并探讨各自的展示形式。

图7-6-1 沙滩卡巴迪运动的标志

图7-6-2 沙滩卡巴迪实战

◎ **冲浪2：沙滩卡巴迪知识大展示**

各小组展示收集到的沙滩卡巴迪的有关资料，制作成PPT，小组讲解员逐一讲解，进行分享（图7-6-3、图7-6-4）。

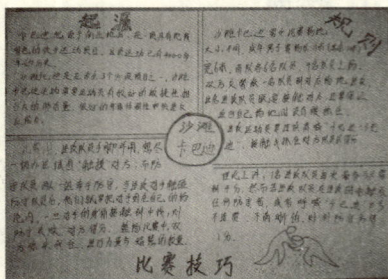

图7-6-3 "沙滩卡巴迪"手抄报　　　　图7-6-4 合作交流

◎ **冲浪3：沙滩卡巴迪知识我梳理**

将沙滩卡巴迪的资料进行总结和讲解，让其他同学对沙滩卡巴迪有更深入的了解。

1. 沙滩卡巴迪的起源。

卡巴迪运动起源于南亚地区，后来逐步传入东南亚地区，是一项具有地域特色的徒手运动项目。据介绍，这项运动已经有4 000多年的历史。1990年，卡巴迪在北京亚运会上首次成为亚运会比赛项目，沙滩卡巴迪则是亚沙会三个必设项目之一。沙滩卡巴迪运动需要运动员有较好的敏捷性、相当大的肺活量、良好的身体协调性和快速反应能力。

2. 比赛规则。

沙滩卡巴迪男女比赛场地大小不同，其中成年男子赛场长11米（其余10米），宽6米。两队各有6名队员比赛，4名队员上场。双方交替派一名队员到对方场地进攻，这名进攻队员既要接触对方，还要保证返回自己场地时没有被抓住。进攻运动员要连续高喊"卡巴迪，卡巴迪"，接触或抓住对方队员以得分。

3. 比赛技巧。

比赛时，进攻队员手脚并用，想尽一切办法试图"触摸"到对方；而防守队员两人一组牵手防守，当进攻对手触碰防守队员后，他们就要把对手困在自己的场地内，一旦对手身体的任何部分触到中线，则防守失败，对方得分。所以在比赛中，防守队员常常一拥而上，把进攻者按倒在地，甚至还会把进攻者即将触线的手脚给硬生生地扳回来。整场比赛中，双方你来我往，进行力量与智慧的较量。同时，比赛需要团队成员间充分配合，默契程度越高，防守成功率越高，并且战略战术会得到更好的应用。

　　◎ 冲浪4：课内拓展我体验

　　将沙滩卡巴迪的有关知识，制作成小报、图画或者思维导图，通过精彩的语言描述作品，进行分享（图7-6-5）。

图7-6-5　图画展示

【蓝色行动】

　　以日记的形式记录今天活动的感受，利用课余时间与家长或者小伙伴一起进行沙滩卡巴迪的体验活动，感受沙滩运动的快乐。

【海星闪闪】

　　评价要点：对沙滩卡巴迪的比赛技术和比赛规则的掌握程度。

　　评价方法：通过学生评价与教师评价相结合的方式进行总结与评定与奖励。

　　根据各小组PPT展示及解说综合评定，由老师颁发"团队协作"奖章。

　　根据学生创作的作品，由老师颁发"最佳创意奖"。

案例二　海洋休闲体育——海钓运动

◆ 灯塔指引 ◆

　　了解海钓方法，感受海上休闲体育的魅力。

【目标导航】

　　1. 了解海钓运动所需要的条件，体会技法特点中的重点。

　　2. 能够说出一种海钓抛投方法、海水垂钓海水船钓的方式、饵料以及矶钓钓位的选择方法。

　　3. 通过其他海钓运动项目，进一步体会海钓运动的独特魅力，培养爱海、护海的意识。

【海上冲浪】

◎ **冲浪1：海钓知识广搜集**

通过上网搜索、采访专家、查阅图书等方式，四个小组分别搜集并整理海钓抛投方法、海水垂钓和船钓的方式、饵料以及矶钓钓位的选择方法等海钓运动的相关资料，并探讨各自的展示形式。

◎ **冲浪2：海钓知识大展示**

各小组采用PPT演示和讲解员解说的形式，将收集到的海上运动的相关资料在班级里进行交流分享（图7-6-6、图7-6-7）。

图7-6-6　合作交流

图7-6-7　海钓我最强

◎ **冲浪3：海钓知识我梳理**

1. 抛投方法。

（1）上投式：两脚分开，脚往前站，身体重心偏至左脚。右手挥竿，左手将线坠抛出。此法落点准确，简单易学。

（2）斜投式：左脚后退半步，左肩后偏，双手同时握住海竿，竿与水平面呈45°角。左手用食指压住鱼线，重心落在右脚，竿梢从右手向前方挥出。鱼坠通过头顶时，放开鱼线，使鱼坠自然落入水中。此法不易掌握，需多次反复练习，一旦熟练后则可投远，目标准确，操作方便，尤其适合海钓。

除此之外，还有侧投（投坠线的中线居于上投和斜投之间）、单臂投、坐投、跪投等多种方式。

2. 矶钓钓位的选择。

岩崖矶钓钓位的选择：此种钓法的站位多在临海的岩崖之上。因临海岩崖多居高临下，茫茫沧海，视野开阔，钓者凭肉眼即可观察找到钓点。

礁堡矶钓钓位的选择：此钓法的站位多在因潮汐变化下落而露出海面的暗礁、

礁堡之上。施钓者必须认真掌握潮汐变化时段，选择最低落点。

岛、礁矶钓的钓位选择：其钓位大多在海流流经的岛屿及兀立于海面上的大岩礁之间。

3. 海水垂钓的方式。

按照方式的不同，海水垂钓可分为海水底钓、海水浮钓和海水戏钓。

海水底钓就是使用组钩，在钓组的尾部挂上铅坠，将钩、饵直接坠入水底的一种钓法，多用于垂钓底层鱼类。

海水浮钓就是选用重量合适的铅坠，与浮漂的浮力合理配比，能使钩、饵恰好悬浮于水中的钓法。浮钓适宜垂钓中、上层鱼类，如金色小沙丁鱼等。若风浪较大，宜选择偏重的鱼坠，以免钓饵随波逐流。若钓饵已漂远，则应提竿重抛。

海水戏钓如淡水戏钓一样，不必用浮漂与鱼坠，仅用海竿配以拟饵或活的小鱼虾，由于鱼线在水面拖拉迅速惊动并吸引游速较快的表层海鱼前来捕食。在钓饵落水时即应迅速拉动鱼线，左右摆动。

4. 海水船钓的方式。

海水船钓有定点钓、放流钓和拖曳钓几种常用的方式。

定点钓即用一般的垂钓方法，对象主要为近海底栖鱼类，如石斑鱼、黄鱼、海鳗、乌贼、章鱼等（图7-6-8）。

放流钓就是垂钓者居于船上，任由船随波逐流，鱼饵、鱼钩也在水中漂流，引鱼上钩，主要对象有带鱼、小黄鱼、海鳗等。

图7-6-8 定点钓

施曳钓适于垂钓游速较快的大型鱼类，如鲨鱼、金枪鱼、鲣鱼、旗鱼等。

◎ 冲浪4：课内拓展我体验

各组以小树枝为材料，自制简易的海钓鱼竿，并以一定范围内的桌面当作海面，用不同抛投鱼竿的方式进行演练，并讨论不同抛投方式在不同环境中的应用。

【蓝色行动】

以思维导图的形式记录今天实践活动的感受，利用课余时间与家长一起进行亲子体验，巩固课堂知识。

【海星闪闪】

评价要点：对抛竿动作运用的熟练程度。

评价方法：通过学生评价与教师评价相结合的方式进行总结与评定与奖励。

根据各小组PPT展示及解说进行综合评定，由老师颁发"团队协作"奖章。

根据学生创作的鱼竿，由老师颁发"最佳制作"奖章。

案例三　海上生存技能——定向航海

◆ 灯塔指引 ◆

了解定向航海，提高海洋文化素养。

【目标导航】

1.了解定向航海的起源以及相关知识，体会其蕴含的海洋体育文化。

2.知道科技发展对定向航海的促进作用，理解定向航海的操作方法。

3.了解其他航海运动的规则，激发参与定向航海的热情，培养竞赛时的顽强意志。

【海上冲浪】

◎ **冲浪1：海上求生知识广搜集**

课前通过上网搜索、采访专家、查阅图书等方式，四个小组分别搜索并整理有关航海的起源、发展及操作的原理等资料，并讨论各自的展示形式（图7-6-9、图7-6-10）。

图7-6-9　古代航海舵只

图7-6-10　罗盘

◎ **冲浪2：定向航海知识大展示**

四个小组分别展示自己所搜集的资料，采用课前讨论的形式把组内收集的知识在课堂上进行交流分享。

确定"科技的发展促进了定向航海的发展"这一主题，让全体学生共同了解航海事业的发展情况（图7-6-11、图7-6-12）。

图7-6-11　著名航海家哥伦布

图7-6-12　远航邮轮

◎ **冲浪3：航海竞赛知识我梳理**

以小组为单位进行一次航海知识竞赛，如撇缆竞赛、手旗通信竞赛、拔河、利用绳索渡河竞赛等；在展示过程中各小组可以安排一位助威员，带动组员表现出畅玩海洋世界与参与航海运动的热情。

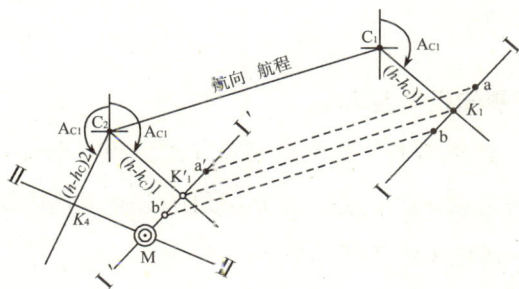

图7-6-13　航海示意图

◎ 冲浪4：课内拓展我体验

通过本课学习到的航海图知识，在世界地图上画出老师规定的航海路线。

【海星闪闪】

评价要点：对定向航海知识的掌握程度。

评价方法：进行师生评价和生生评价，培养坚强的意志力和求生欲，体现出对生命的珍惜。

组内搜索的资料及分享的求生知识最具科学性的学生，荣获"小小航海家"称号。

案例四　帆船运动——2008奥帆赛

◆ 灯塔指引 ◆

了解奥帆赛事，感受魅力青岛。

【目标导航】

1. 初步了解青岛承办2008奥帆赛的优势和比赛项目的设立情况。

2. 掌握2008奥帆赛比赛模式、比赛海域、航线图等知识。

3. 培养在合作学习中能完成任务的能力，搜集更多资料与大家分享。

【海上冲浪】

◎ 冲浪1：2008奥帆赛知识广搜集

课前通过上网搜索、查阅图书及咨询专家等方式，四个小组分别了解2008年奥帆赛帆船场地的赛场、青岛的承办优势、比赛项目的分类、比赛场地的设置、参赛帆船级别等有关知识，并讨论小组的展示形式。

◎ **冲浪2：2008奥帆赛知识大展示**

青岛是一座美丽的海滨城市，享有"帆船之都"的美誉，是2008年奥运会帆船项目的承办城市。课前各小组先收集关于青岛承办奥帆赛的优势和比赛项目的有关资料，通过图片、文字、表演等形式在课堂上进行分享（图7-6-14、图7-6-15）。

图7-6-14　青岛奥帆中心

图7-6-15　青岛奥帆中心
470级别码头

青岛承办2008奥帆赛有以下优势。

1. 气候条件适合进行帆船比赛。

年均风速为5.4米/秒，八九月份的平均风力也在5米/秒左右，这样的气候条件很适合开展海上运动。

2. 海水水质良好（图7-6-16）。

青岛市环境保护局对青岛沿海海水水质调查结果表明，目前青岛汇泉湾（第一海水浴场）的水质要求为二类，现已达到一类，青岛市还在不断地加强环保治理力度。

图7-6-16　青岛第一海水浴场

3. 赛后效益好。

赛后青岛奥帆中心已成为我国重要的海上运动基地和海上休闲娱乐中心，通过对2008奥帆赛的承办，奥帆中心进一步完善水上运动设施，对我国帆船运动的发展将起到积极的助推作用（图7-6-17、图7-6-18）。

图7-6-17　青岛奥运大道

图7-6-18　青岛奥帆中心的帆船

4. 文化事业发达，国际知名度高。

每年举办青岛国际海洋节、青岛国际啤酒节等一系列大型国际文化交流活动（图7-6-19、图7-6-20）。

图7-6-19　青岛国际海洋节

图7-6-20　青岛国际啤酒节

5. 2008奥帆赛的比赛项目（图7-6-21、图7-6-22）。

2008奥帆赛共下设11个项目，9种级别。

图7-6-21　青岛奥帆中心鸟瞰图

图7-6-22　游艇码头

此次比赛采用国际帆联新通过的竞赛模式，即每个项目先进行10轮（49人15轮）预赛，预赛成绩最好的10条船进入最后一轮奖牌轮，比赛实行低分制，即第一名1分，第二名2分，以此类推。奖牌轮双倍积分，最终总分低的船获得冠军。

比赛在帆船中心外海的5片直径为1.5海里的海域里举行。每个项目每天最多举行2轮比赛（49人3轮）。航线为不规则四边形。

◎ 冲浪3：青岛奥帆知识我梳理

1.青岛承办奥帆赛的优势。

（1）良好的气候条件。

（2）良好的海水水质。

（3）一流的自然条件和硬件设施。

（4）海洋文化事业发达，国际知名度高。

2.2008奥帆赛比赛项目的设立。

（1）比赛分项共下设11个项目。

（2）比赛场地为5片直径为1.5海里的海域。

（3）此次比赛采用国际帆联新通过的竞赛模式。

◎ 冲浪4：课内拓展我体验

谈一谈本课学习后的感受。如何来保护这些海洋文化资源？把建议写下来吧（图7-6-23）！

图7-6-23　帆船手绘图

【蓝色行动】

通过上网查阅的方法，搜集帆船级别的有关资料，并与他人分享。

图7-6-24　帆船比赛掠影

【海星闪闪】

评价要点：2008年奥帆赛系列知识的搜集能力，合作展示能力，自我表达能力，知识整理及分享能力。

评价方法：通过学生评价与教师评价相结合的方式进行总结与评定与奖励。

奖励办法：青岛奥帆赛系列知识分享环节表现"最丰富"的小组获得"扬帆起航"奖章。

案例五　帆船运动——帆船航行中意外情况的处理

◆ 灯塔指引 ◆

掌握应对措施，提高避险和防范能力。

【目标导航】

1. 了解帆船运动中可能出现的意外情况。

2. 掌握帆船在航行中出现意外情况时的应对措施及处理方法。

3. 培养逆境中情绪管理和自我激励的能力。

【海上冲浪】

◎ 冲浪1：帆船航行中意外情况广搜集

课前通过上网搜索、查阅书籍、采访专业人士等方式，各小组搜集并整理帆船航行中可能出现的意外情况及应对方法，并讨论各自的展示形式。

◎ **冲浪2：帆船航行意外情况应对措施大展示**

各组课前通过各种方式，了解了一些帆船航行中容易出现的意外情况以及应对措施，在课堂上进行资料分享。

帆船航行中意外情况的处理方式。

1. 被倾覆的帆船反扣在船舱内时。

处理方式：当被倾覆的帆船反扣在船舱内时，千万不要紧张和害怕，也不要试图将船从水底正过来。OP级帆船有3个充气袋，其作用就是当帆船倾覆时助浮船体，避免船体下沉。充气袋会托起船体，在船体内留出一定的空间，这一空间内是有少量氧气的，在这种情况下，首先要避免被船内的绳子缠住身体，然后在船体内深吸一口气，脱掉救生衣，屏住呼吸，顺着船尾或船体两侧游出船体（图7-6-25）。

图7-6-25　倾覆练习

2. 被倾覆的帆船反扣在帆内时（图7-6-26、图7-6-27）。

图7-6-26　倾覆的帆船（一）

图7-6-27　倾覆的帆船（二）

处理方式：如果帆船倾覆后，我们被反扣在船帆内，不要慌张，只要迅速游出帆面就可以了。

如果没有及时游出帆面，那么随着船体逐渐向上翻转，运动员将会被压到水里，这时需要马上转身，从船体翻转的对向快速游出帆面。

3. 风速不断增大。

处理方式：当我们在训练过程中发现风速不断增大时，不要远离岸边训练，更不能靠近下风向有礁石或障碍物的区域训练。

4.遇到恶劣天气。

处理方式：在航行过程中出现恶劣天气时，遇到帆船难以操纵或船只故障需返航的情况，可取下单人艇帆杆，尽量减少风的阻力，平稳控制船只，驶回岸边或等待救援。

5.脱离船只。

处理方式：一旦落水并脱离帆船时，不要惊慌，可借助救生衣的浮力，将头部露出水面，努力游泳赶上脱离的船只或向他人寻求帮助。

◎ 冲浪3：帆船知识我梳理

帆船航行中容易出现的意外情况：

（1）被倾覆的帆船反扣在船舱内。

（2）被倾覆的帆船反扣在帆内。

（3）风速不断增大。

（4）遇到恶劣天气。

（5）脱离船只。

◎ 冲浪4：课内拓展我体验

把学会的技能和方法，以思维导图的方式汇总并进行分享（图7-6-28）。

图7-6-28　图画展示

【蓝色行动】

课后继续查阅帆船航行中容易发生倾覆的情况，在下节课中与其他同学进行分享。

【海星闪闪】

评价要点：帆船在航行中出现意外情况的应对措施及处理方法的搜集能力，合作展示能力，自我表达能力，知识整理及分享能力。

评价方法：通过学生评价与教师评价相结合的方式进行总结与评定与奖励。

青岛奥帆赛系列知识分享环节表现"最丰富"的小组荣获"扬帆起航"奖章。

参考文献

［1］张同宽.海洋体育实用教程［M］.北京：海洋出版社，2017.

［2］中华人民共和国教育部.义务教育体育与健康标准：2011年版［M］.北京：北京师范大学出版社，2012.

［3］《蓝色的家园·海洋教育篇》编委会.蓝色的家园［M］.青岛：青岛出版社，2016.

［4］林志伟，等.青岛市帆船进校园基础课程教材［M］.青岛：青岛出版社，2013.

［5］许文豪.运动生物化学概述［M］.北京：高等教育出版社.2001.

［6］黄玲，黄永泉.海洋休闲运动策划［M］.北京：海洋出版社，2017.

致　谢

　　本书在编创过程中，参考使用的部分文字和图片，由于权源不详，无法与著作权人一一取得联系，未能及时支付稿酬，在此表示由衷的歉意。请相关著作权人与我社联系。

　　联系人：徐永成

　　联系电话：0086-532-82032643

　　E-mail：cbsbgs@ouc.edu.cn

图书在版编目（CIP）数据

　　海之魄：小学体育海洋主题课程：一至六年级教师用书 / 张培欣主编. —青岛：中国海洋大学出版社，2019.11

　　ISBN 978-7-5670-2088-7

　　Ⅰ．①海…　Ⅱ．①张…　Ⅲ．①体育课—小学—教学参考资料　Ⅳ．①G623.83

　　中国版本图书馆CIP数据核字（2019）第263227号

出版发行	中国海洋大学出版社
社　　址	青岛市香港东路23号　　**邮政编码**　266071
网　　址	http://pub.ouc.edu.cn
出 版 人	杨立敏
项目统筹	孟显丽
责任编辑	孟显丽　　　　　　　　　　**电　　话**　0532-85901092
封面绘图	梁月皎
印　　制	青岛国彩印刷股份有限公司
版　　次	2020年8月第1版
印　　次	2020年8月第1次印刷
成品尺寸	185 mm × 260 mm
印　　张	7.5
字　　数	134千
印　　数	1~800
定　　价	28.00元
订购电话	0532-82032573（传真）

发现印装质量问题，请致电0532-58700168，由印刷厂负责调换。